La Source

Initiation au cœur de l'amour et de la liberté

Tilicho

Éditions Arunachala

Éditions Arunachala,
Shanti Neelam, 606604 Adiannamalai, Inde.
ISBN 979-10-91141-00-0
EAN 9791091141000
Numéro d'édition: 979-10-91141
Dépôt légal : juillet 2012
Imprimé en juillet 2012 par Lulu Press.
Illustration de la couverture : d'après une peinture de Bella Wilshire
photographiée par Valentina Mengarelli à Deer Park (Bir, Inde).
Illustrations du livre : Lila, Marie et Tilicho.

À mes « petites » sources d'amour, Lila et Marie.

Table des matières

Remerciements

Je souhaite exprimer ma reconnaissance et ma gratitude à toutes les personnes qui ont participé de près ou de loin à cette aventure. Je remercie en particulier les amis qui m'ont précieusement offert leur soutien ainsi que leur aide pour la correction du manuscrit en français et en anglais : Annamalai, Anne, Armand, Caroline, Charlotte, Jennifer, Jo-Yves, Ragi et Upahar. Je suis aussi reconnaissante à la vie d'avoir guidé mes pas à Tiruvannamalai où j'ai découvert l'enseignement du sage Ramana Maharshi et entendu d'autres enseignants.

Je remercie profondément mes parents, ma sœur, ma grand-mère, toute ma famille et mes grands-parents défunts à qui je dois tout. Je souhaite aussi remercier Khalis, Lila et Marie pour leur participation dans cette aventure.

Introduction

Lila, 5 ans

La Pieuvre Uma

La pieuvre Uma vivait heureuse au fond de l'océan, doucement bercée au gré des courants. Un jour pourtant, certains de ses tentacules cessèrent de suivre le fil de l'eau. En proie à l'illusion d'être indépendants et séparés, ils oublièrent leur unité et leur véritable identité. À l'image de ces tentacules, n'avons-nous pas oublié qui nous sommes vraiment ?

En dépit des embruns de l'oubli, notre être profond sait et nous appelle. Certains le nomment Dieu, Christ, Allah, Bouddha, le Tao ou Mère Nature, d'autres encore *la Pure Conscience, le Soi, la Source ou le Cœur*.[1] Plusieurs noms lui sont donnés mais ils témoignent tous de la même et unique réalité : l'Être éternel, l'essence inchangée des formes éternellement changeantes.

Nous passons nos vies à rechercher notre bonheur originel. Comme nous n'en connaissons plus beaucoup la saveur, nous le recherchons dans maintes directions et parfois, nous nous égarons. Ainsi, nous pouvons limiter le bonheur à l'amour sentimental ou à l'abondance matérielle. Même si ces derniers y contribuent, nous savons aussi qu'en dépit de l'amour et de la richesse, certaines personnes ressentent néanmoins un manque au fond d'elles. Où se trouve donc le vrai bonheur ?

Le vrai bonheur est le parfum divin au cœur de nous-mêmes, la douce senteur d'une fleur ouverte sous le soleil et la pluie. C'est le temple éternel qu'aucun vent ne détruit. La paix intérieure qui ne dépend d'aucune condition est notre refuge et notre nature profonde.

Certaines personnes ont la volonté consciente de retrouver cette paix. Ce sont des chercheurs spirituels. Ils choisissent une vie monacale, suivent des enseignements spirituels ou s'engagent dans l'action désintéressée. Pour d'autres personnes, il n'y a pas de recherche spirituelle. C'est au cœur de la vie, en acceptant ses aléas,

---

[1] Les noms en italique sont ceux qui sont généralement utilisés dans ce livre. Dans cet exemple, le Cœur signifie l'Amour.

3

qu'elles trouvent la paix intérieure. Tout chemin conduit à la réalisation de Soi.[2] Quels que soient les individus, quelles que soient les croyances, le Soi est déjà au cœur de notre nature. Nul n'en est exempt, nul n'en est éloigné. Le voile de l'oubli doit simplement se lever.

---

[2] La paix intérieure et la connaissance de Soi.

Chapitre 1 : Expérience spirituelle

« Rien »

L'ego peut s'attacher aux expériences spirituelles parce qu'elles sont inhabituelles. C'est la raison pour laquelle les expériences spirituelles ne doivent pas être prises trop au sérieux. Toutefois, il est naturel d'essayer d'avoir de la clarté à leur sujet. Cela aide à libérer l'esprit du doute et des interrogations. Dans mon cas, j'ai essayé d'obtenir des réponses claires au sujet de mon expérience mais cela fut en vain. Il a donc fallu que j'apprenne à mettre de côté mes doutes pour ne faire confiance qu'à mes réponses intérieures. Cela prit de nombreuses années mais finalement, le doute cessa.

En 1998, mes centres d'intérêt et d'occupation n'étaient en rien orientés vers la spiritualité. Je ne faisais pas encore de yoga, je n'avais lu aucun livre spirituel et je n'appartenais à aucune église et à aucun maître. Je vivais en France et menais une vie ordinaire que l'on pourrait qualifier de vie heureuse et active. Un jour, j'ai « entendu » en moi un immense « stop ». J'ai écouté cet appel et j'ai tout arrêté pour prendre le temps de respirer, ne rien faire, me promener dans la nature, rester seule. C'est alors que de nombreux rêves m'ont assaillie. Dans l'un de ces rêves, un groupe de sages me montraient des livres. Ils me disaient que je devais comprendre ; mais comprendre quoi exactement? Un feu intérieur incroyable et absolument inattendu m'a fait me précipiter sur un premier ouvrage spirituel pour essayer de comprendre le sens de la vie. Je survolais les phrases à une vitesse folle. Je cherchais les mots qui me parleraient, les mots que je ressentirais comme vrais. Ce n'est pas tant ma lecture mais le feu en moi et un tableau sur mon mur, qui d'un seul coup m'ont fait ouvrir les yeux et comprendre quelle est ma nature profonde.

Ce tableau était tout noir et il s'appelait « Rien ». Au centre, un espace était découpé dans la toile, par lequel on pouvait voir au travers. Ce fut une révélation. Tout devenait si clair. Je compris que tant que nous ne connaissons pas notre véritable nature, nous sommes comme la noirceur du tableau, prisonniers de notre ignorance. Lorsque nous commençons à voir clair en nous, un espace s'ouvre, qui nous permet de voir au travers et de réaliser qui nous sommes vraiment. Tout comme cet espace, notre vraie nature est indépendante de toute chose bien que toute chose se présente et se manifeste en elle. Le monde change mais cet espace est toujours le même et il restera le même, éternellement. Plus nous voyons clair en nous, plus l'ignorance s'estompe. L'espace intérieur grandit. Lorsque la clarté est présente, la noirceur disparaît. Il ne reste plus que le cadre. Ce cadre, qui est de manière symbolique le corps, s'éteindra un jour, mais l'espace demeure à jamais présent. Qui nous sommes vraiment ne meurt jamais.

Lorsque l'esprit est clair et ouvert, seul l'espace est présent. Rien ne sépare de son Être véritable qui a toujours été là, omniprésent, au-delà du temps, sans limites et sans frontières avec tout ce qui est : Un, absolument Un. Ce fut vraiment une révélation. Le lendemain, alors que je lisais avec la même fougue et attention, j'expérimentai directement ma vraie nature : la Pure Conscience (la Vérité). La conscience individuelle est généralement limitée par des fausses croyances sur sa véritable identité. Lorsque ceci n'est plus le cas et que l'esprit est ouvert, l'individu fait l'expérience directe de sa véritable nature. Cette expérience est appelée l'éveil. En fonction des individus, l'éveil conduit plus ou moins rapidement à un état de sagesse et d'ouverture stable.

Lorsque l'expérience de l'éveil a lieu, l'ego se dissout au niveau cellulaire (l'inconscient se fond dans la Lumière). Toutefois, les habitudes mentales peuvent encore être présentes. De manière métaphorique, disons que « lorsque le ventilateur s'arrête, il tourne encore un peu ». Cela est superbement décrit par Yvan Amar : « Ce que l'on appelle l'éveil ou l'illumination, porte un coup fatal, pas total dans l'immédiat, au moteur du comportement, au mécanisme de l'intérêt personnel qui déterminait complètement ce comportement. Mais il faut ensuite des années pour que cette nouvelle façon d'être s'incarne complètement dans le quotidien : non seulement au niveau de l'esprit, où le doute est transformé en vision de sagesse, et au niveau du cœur, où la colère est transformée en compassion, mais également jusque dans le corps, dans la chair, où la peur est transformée en joie. »[3]

Tant de mythes et d'histoires extraordinaires sont véhiculés sur l'éveil que je ne pouvais pas totalement croire, à ce moment là, que mon expérience était l'éveil. Si lors de discussions sur la spiritualité, je partageais innocemment mon point de vue, cela finissait souvent par des malentendus. Comme rien en moi ne ressemble à l'image mythique d'une personne éveillée, j'étais jugée arrogante, prétentieuse ou ayant des problèmes. Finalement, j'ai décidé de me taire car l'harmonie est souvent préférable à l'expression de ses idées, si elles ne sont pas les bienvenues. Toutefois, j'ai compris que se taire n'est pas naturel non plus. Au bout d'un certain temps, si le cours d'eau est bloqué, il peut déborder. C'est la raison pour laquelle j'ai ressenti le besoin d'écrire ce livre. J'avais besoin d'exprimer mon opinion librement car je voyais que l'idéalisme spirituel détournait souvent les chercheurs de la Vérité.

Lorsque j'ai commencé à écrire, mon intention était donc simplement de partager mes vues sur la spiritualité. Je souhaitais également partager ma connaissance de l'ego car la clarté dissipe les ombres. Mais au fil de mon écriture, ce livre est devenu une aventure. J'ai pris conscience de choses nouvelles. Tout d'abord, j'ai remarqué le pouvoir incroyable des mots lorsqu'ils proviennent de la source de notre Être. Étrangement, ce que j'écrivais se manifestait dans la réalité. Cela me fit prendre conscience de ma responsabilité dans le choix des mots, des exemples et de la façon de réaliser le Soi. En présentant les multiples facettes de l'ego, j'ai également compris que ce livre pouvait accélérer le processus de réalisation de Soi. Mais cette accélération était-elle souhaitable ? Finalement, j'ai réalisé que cette accélération pouvait être bénéfique et sans dangers en intégrant deux voies : la voie extérieure (expérience de la vie et connaissance de

---

[3] Yvan Amar, *L'Effort et la Grâce*, Albin Michel, 2005, p.19.

l'ego) adoucie par la voie intérieure (dissolution de l'ego par l'observation des pensées « je »[4]). Grâce à ces prises de conscience, ce livre peut vous aider à trouver la paix intérieure et réaliser votre vraie nature.

---

[4] L'ego se manifeste par des pensées « je » telles que « Je veux », « Je désire » et « J'ai peur ».

Chapitre 2 : Reconnaître votre véritable nature

Lila, 8 ans

Qui êtes-vous vraiment ?

Il est important de comprendre quelle est votre véritable nature car cela permet d'enlever le voile de l'ignorance. Tant que ce voile n'est pas levé, vous êtes piégé par l'apparence des formes et l'illusion d'une séparation. Enlever le voile de l'ignorance n'est pas compliqué. Il n'est nul besoin de vous plonger dans une recherche intellectuelle profonde. Vous pouvez enlever ce voile de différentes manières, les plus simples étant : intuitive, introspective et visuelle.

Intuition

Vous pouvez tout d'abord comprendre votre véritable nature par l'intuition et la déduction. Parfois, vous avez des intuitions, des prémonitions. Vous ressentez le temps qu'il fera demain, l'orientation professionnelle à prendre, à quel moment appeler votre ami et s'il est préférable de tourner à droite ou à gauche sur la route. Vous ressentez une Présence à l'intérieur de vous. Une « voix » semble avoir de la clarté. Qui est-elle ? Elle connaît des choses de vous puisqu'elle apparaît souvent comme un guide, un conseiller intuitif. Ne connaît-elle que vous ? Non, car si elle vous conseille, elle connaît aussi ce qui est extérieur à vous : le chemin à prendre, le métier qui vous correspond et la solution à vos problèmes.

Cette voix n'est-elle qu'en vous ? Les animaux, de toute évidence, sont eux aussi à l'écoute de leur voix intérieure. Lors du raz-de-marée de 2004, des rapports ont montré qu'ils avaient anticipé le désastre et évité de ce fait la catastrophe. Les animaux sont généralement plus intuitifs que les êtres humains. On sait aussi que les plantes ont une certaine connaissance. Elles sont sensibles à la musique, à la voix et à l'amour qu'on leur prodigue. De cela, nous pouvons déduire qu'en tout organisme, il y a une conscience plus vaste, non limitée au corps physique.

Qui êtes-vous donc ? Êtes-vous seulement votre corps ? Ou êtes-vous cette conscience plus vaste que le corps qui pénètre et connaît toute chose ? Chaque individu a un corps qui un jour prendra fin, mais en soi, il est évident qu'il y a un « corps » plus vaste. Ce corps n'est pas visible à l'œil nu pourtant, il semble bien exister. Puisqu'il connaît, nous pouvons l'appeler la conscience. Et si cette conscience était véritablement *Vous* ? Si cela est le cas, votre être véritable n'est pas limité à votre corps physique et par conséquent, vous n'êtes pas non plus limité par la mort. Vous *êtes*, au-delà du corps, de la mort et du temps.

La conscience est le sujet suprême. Elle n'est séparée d'aucun objet, animé ou inanimé. Elle pénètre et connaît toute chose, tout en demeurant libre de toute chose.

En chaque individu, la conscience est ressentie comme une Présence intérieure. Elle est ce qui vous permet de ressentir et de connaître (les pensées et les objets). Imaginez que vous regardez l'océan. Tout est vaste et ouvert. La conscience est cet espace d'ouverture au cœur de vous-même. Lorsque vous regardez la vie avec des yeux conscients, votre esprit est ouvert et embrasse la réalité telle qu'elle est.

Introspection

Vous pouvez aussi comprendre votre véritable nature par l'introspection. Le grand sage indien Ramana Maharshi a utilisé dans ce but le procédé de l'enquête de Soi, ou auto-investigation[5] : « Qui suis-je ? » Paradoxalement, quand vous n'arrivez pas à répondre à la question, vous trouvez la réponse. Que se passe-t-il lorsque vous n'arrivez pas à trouver une réponse à une question ? Fermez les yeux et observez votre esprit. Voyez-vous cet espace, ce vide ? Ne trouvant aucune réponse, votre esprit est vidé de tout contenu. Pourtant, il y a encore quelque chose en vous qui observe et reconnaît ce vide. C'est la Pure Conscience, votre véritable nature. C'est une Présence, neutre et ouverte. L'auto-investigation permet de comprendre votre véritable

---

[5] *Sois ce que tu es. Les enseignements de Sri Ramana Maharshi*, Sri Ramanashramam, Tiruvannamalai, India, 2005.

nature en accédant directement à la Source de votre être. De là, vous êtes conscient de tout ce qui apparaît et disparaît (objets, pensées, sentiments et états intérieurs).

Ressentez maintenant la qualité d'observateur *(l'aspect Paternel)* de la Pure Conscience. Voyez comment Il regarde, tout simplement, comment Il connaît, directement. L'observateur n'a pas de jugement, d'ambition et de programme. Il est totalement ouvert, serein et neutre. Il glisse sur toute chose, tel un canard sur l'eau calme d'un lac. Cet observateur est *Vous*, de la manière la plus intime et la plus naturelle. Il est profondément *Vous* et de ce fait, Il n'est pas limité à votre « moi ». Il est Un avec toute chose. Il est pure connaissance, pure intelligence.

Ressentez aussi la qualité de cœur *(l'aspect Maternel)* de la Pure Conscience. Elle est alors telle une fleur ouverte qui vibre à l'unisson avec toute chose. Ressentez à quel point Elle est vivante. Elle a des millions de mains pour vous aider, toutes les formes pour vous protéger et de multiples visages pour vous sourire. Au travers de nombreux individus elle vous appelle. Elle connaît toute la sagesse et toutes les erreurs du monde. Elle connaît chaque individu directement, absolument. Elle sait ce dont vous avez besoin pour grandir et comment vous l'amener. Parce qu'Elle est Une avec toute chose, Elle n'a qu'une seule « volonté » : l'Amour. Votre être véritable est pur Amour.

Pourtant, en dépit de cette intelligence et de cet amour absolus, votre nature profonde ne peut pas toujours vous aider. Votre esprit doit être suffisamment ouvert pour ressentir la présence du Cœur au plus profond de votre être. Écoutez sa voix, c'est aussi votre voix, ce qu'il y a de plus naturel en vous. Ce Cœur est Vous. La Pure Conscience n'est pas qu'un simple vide. Elle n'est pas qu'un simple silence. Elle est la présence vivante du Cœur.

Le Cœur, l'amour, est la clé des merveilles de ce monde. C'est la force silencieuse pénétrant toute chose. Lorsque votre esprit est ouvert, vous ne faites qu'Un avec l'univers. C'est la raison pour laquelle l'existence entière peut vous parler, répondre à vos questions et vous tenir par la main. Rien n'est séparé de Vous. Ouvrez donc votre esprit et laissez le Cœur vous guider car il pénètre et connaît toute chose.

La Pure Conscience connaît la vérité de toute chose : passée, présente et future. Cette connaissance peut être saisie par l'esprit, ce qui se caractérise par un état de super-conscience. C'est l'état du Bouddha aux yeux ouverts. La Pure Conscience peut aussi s'exprimer spontanément au travers de vous, sans connaissance intellectuelle. C'est l'état d'innocence. L'innocence est également belle car elle peut traverser toutes les ombres (l'ego) sans être affectée. C'est l'état du Bouddha aux yeux fermés. La vérité est saisie directement dans le cœur.

Exemples visuels

Finalement, vous pouvez comprendre votre véritable nature par des exemples visuels. Cela fut dans mon cas le moyen le plus simple. Cette compréhension n'est pas intellectuelle. Soudain, au plus profond de votre être, la clarté est présente. Cette clarté ne peut plus être remise en question. Imaginez l'océan. Les vagues vont et viennent. Elles semblent naître et mourir. Chacune d'elles apparaît distincte des autres vagues. Pourtant, elles proviennent toutes du même océan (de la même Source). Elles ne sont en rien séparées les unes des autres. Elles n'ont en réalité ni commencement ni fin. Elles sont toutes faites de la même substance : cette eau qui a formé les vagues du passé, qui modèle celles d'aujourd'hui et qui donnera naissance aux vagues de demain. Cette eau, quelle que soit sa forme, demeure inchangée. Au-delà des apparences et du temps qui passe, rien n'est jamais fondamentalement changé. La séparation, de même que le temps, ne sont que des vues de l'esprit. En dépit des vagues qui vont et viennent, l'océan *est*. Il a toujours été et il sera toujours. Tout *est*, ou plus exactement, seule la conscience *est*.

Telles les vagues dans l'océan, les individus ne forment qu'un seul Être. Si vous vous identifiez à une vague (à votre corps), vous prenez peur et vous croyez que lorsque vous atteignez la berge, votre existence prend fin. Mais la vague qui atteint le rivage se fond à nouveau dans l'océan avant de reprendre forme et d'atteindre à nouveau la rive. C'est la danse éternelle de la vie. Telle une vague, votre esprit change de forme et retourne à l'océan. Cet océan connaît tout car il est tout. Ainsi, on peut l'appeler la conscience. Vous êtes Conscience. Lorsqu'une vague cesse de se considérer comme une simple vague et s'ouvre à sa nature océanique, elle « retourne » consciemment là où elle n'a jamais cessé d'être. Cette ouverture est une libération. Vous connaissez votre vraie nature : « Je suis ».

Pour d'autres personnes, en particulier les enfants, il peut être plus aisé de comprendre leur véritable nature avec l'image de l'arbre. Imaginez que chaque branche se termine par différents aspects de la Création : des êtres humains de toutes nationalités, des animaux, des plantes, des étoiles. Nous faisons tous partie du même arbre et la même sève (la Pure Conscience) coule en toute chose. Ne vous identifiez pas seulement à une branche (votre corps). Chacun de nous est l'arbre tout entier. Il est donc important d'être en paix avec les différentes branches de notre arbre car elles font toutes partie de notre Être. L'unité est la source de la diversité et la diversité n'est qu'une apparence au royaume de l'unité.

Conscience et harmonie

Tant que vous n'êtes pas conscient, votre vie est généralement gouvernée par « les désirs égoïstes et les peurs » (l'ego). L'ego est une sorte de programme inscrit dans la mémoire de vos cellules. En fonction de la branche de l'arbre à laquelle vous appartenez, ce programme est plus ou moins « chargé » et il influence votre vie. Toutefois, ce programme n'est pas véritablement Vous. Lorsque vous comprenez vraiment cela, vous pouvez vous détacher de votre ego et en prendre conscience. La conscience est telle la lumière qui dissipe l'obscurité. Expérimentez cela directement. Lorsque vous êtes conscient de votre ego (par exemple, vous réalisez que vous avez été insensible), l'insensibilité disparaît. Être conscient est source d'harmonie.

Bien entendu, les peurs et les désirs égoïstes ont aussi leur utilité dans le vaste plan de l'univers. Chaque difficulté est une opportunité pour devenir conscient. La raison d'être de l'univers tout entier est l'éveil des consciences et l'amour. Elle n'est pas de laisser l'ego agir librement. Comment sais-je cela ? Plongez au cœur de vous-même pour trouver la réponse. À l'écoute de votre cœur, vous êtes aussi à l'écoute du Cœur de l'univers. Chaque tentacule a la même « tête ». Il n'y a pas de séparation. Les réponses sont évidentes.

Le Cœur recherche l'équilibre et l'harmonie. Observez comment l'univers fonctionne. Tout prend forme selon un ordre d'équilibre et de complémentarité. C'est le yin et le yang, les pôles positif et négatif de l'énergie universelle. L'un n'existe pas sans son contraire : l'attraction sans la répulsion, l'excès sans la pénurie, le succès sans l'échec. Tout est interdépendant. Ainsi, à l'image d'une balancelle, chaque individu alterne entre le haut et le bas jusqu'à ce qu'il trouve le juste milieu, le point d'équilibre : celui du Cœur.

Tant que vous ne trouvez pas ce point d'équilibre, vous récoltez ce que vous semez. Juger autrui injustement c'est alors vous juger vous-même. Manquer de respect à autrui, c'est ne pas respecter votre propre personne. Bien sûr, cela vaut aussi dans l'autre sens: prendre soin des autres équivaut à prendre soin de vous et respecter votre voix intérieure est une autre façon de respecter autrui. Ceci est « l'effet boomerang » de la vie. De cette façon, la vie vous enseigne la conduite à adopter, jusqu'à ce que vous trouviez votre propre guide intérieur : le Cœur. Toutefois, « l'effet boomerang » n'explique pas tout du fonctionnement de la vie. Lorsque des personnes ont des problèmes ou vivent des situations difficiles, cela ne veut pas obligatoirement dire qu'elles l'ont « mérité » ! Certains évènements négatifs ne sont pas causés par le karma.[6] Il est donc important de ne pas tirer de conclusions hâtives. Par exemple, évitez de dire aux personnes qui vivent des situations difficiles que cela leur arrive parce

---

[6] Loi de « cause à effet ». Conséquences d'actes antérieurs.

qu'elles ont un problème. « Le Cœur a ses raisons que la raison ne connaît pas ». La vie est plus profonde et mystérieuse que toutes les déductions logiques. Si vous avez tendance à juger et critiquer, observez comment les sages se comportent. Avez-vous déjà vu la sculpture des singes sages ? Ils ferment leurs yeux, leurs oreilles et leurs bouches. Ils sont détachés de toutes perceptions (de ce qu'ils voient, entendent et pensent). Les relations humaines sont tellement plus faciles et agréables lorsque les jugements a priori et les conclusions n'encombrent pas les esprits.

Conscience et Existence

Tout fait partie de la conscience : tous les êtres, les animaux, les plantes, les nuages, les astres mais aussi le temps. Le passé est éternellement présent. «Ici et maintenant» englobe la totalité de l'existence. C'est la sève qui nourrit l'arbre tout entier. Selon le scientifique J. Bousquet, cette unicité peut s'expliquer parce que les formes sont « informées et informantes ».[7] Il explique également que c'est grâce à la lumière (des ondes électromagnétiques) que les informations du passé sont incorporées dans le présent. Cela permet de comprendre que toute forme est le fruit d'un savoir déjà existant. La Création est le fruit de la Pure Conscience. Elle est telle une fleur qui émerge progressivement de la graine.

---

[7] Dans un article scientifique sur le *Transfert d'informations dans le vivant*, J. Bousquet écrit : « Notre hypothèse est que les formes sont informées et informantes. C'est par elles que transite l'information ; elle est liée à une onde (vibration) qui détermine la forme qui leur correspond (…) Toute forme est le résultat d'un savoir conscient (passé) qui décode son futur contenu dans ses structures comme le papillon déjà codé dans la chenille ou le chêne dans le gland ». Webmaster555.free.fr.

Tout est en tout. L'esprit de toute chose est au cœur de chaque cellule.[8] L'infiniment grand est dans l'infiniment petit. L'univers entier est en vous. Par le cœur, vous ne faites qu'Un avec l'existence, au-delà du temps. C'est la raison pour laquelle vous pouvez, par exemple, maintenir le contact avec les êtres chers qui ont quitté leur corps. La séparation n'existe pas. Parce que la séparation n'existe pas, l'esprit des sages est aussi au cœur de chaque individu. Parlez-leur. Priez. Ils vous « entendent ». De la même manière, lorsque vous entendez votre voix intérieure, vous entendez la voix de vos Mères et de vos Pères spirituels. Ce Cœur vous appelle, se soucie de vous et vous protège. Ce Cœur est tout autour de vous et c'est aussi Vous. Il suffit d'ouvrir votre esprit. Vous n'avez jamais cessé d'être Un avec le Cœur et avec l'univers.

À chaque instant, la Pure Conscience est unie à toute chose. C'est pourquoi le Cœur soutient tout ce qui est. L'immobilité est la source du mouvement. « Rien » est la raison de tout. Le vide contient la totalité. La Pure Conscience et l'existence sont intimement liées. Elles ne forment qu'un seul Être. Ce sont les deux faces d'une même

---

[8] Les recherches du physicien Jean E. Charon ont montré que « Certaines particules élémentaires, les électrons, des particules stables (à durée de vie pratiquement infinie), (que l'on retrouve dans la constitution du minéral, du végétal, de l'animal et dans toutes les cellules du corps humain) contenaient comme enveloppé dans une carapace de matière un espace-temps nouveau ». Il compare cela à « Des bulles de savon qui flotteraient dans notre espace-temps ordinaire mais à l'intérieur de ces minuscules bulles, il existerait un espace-temps d'une nature spéciale et refermé sur lui-même ». « Notre espace-temps ordinaire, celui de la matière s'écoule du passé vers le futur et l'énergie utilisable va sans cesse en décroissant. L'univers de la matière est voué à la mort. Dans l'espace-temps des bulles de savon les choses se passent à l'opposé. C'est un temps cyclique, c'est-à-dire que les événements passés sont continuellement ramenés dans le présent et son contenu informationnel ne peut jamais être perdu puisqu'il est sans cesse croissant. C'est une structure qui s'instruit par l'expérience. Mais alors cet espace n'est-il pas un espace de l'Esprit ?» Jean E. Charon, *L'Esprit cet inconnu*, chez Albin Michel, 1978.

pièce. C'est une histoire d'amour infini. Le monde manifesté n'est pas une illusion absolue.[9] La seule illusion véritable est l'identification stricte au corps et la croyance en la séparation. La Pure Conscience est au cœur de chaque forme. Les formes jouent leur rôle dans le vaste théâtre de la conscience. Comment la Pure Conscience pourrait-elle se connaître sans la Création ? La conscience et l'existence sont interdépendantes et ne font qu'Un.

La conscience est Une mais la conscience a plusieurs formes. Par conséquent, elle a, en surface, plus ou moins de clarté sur elle-même. On peut comparer cela à l'image d'une lampe dont le centre est très lumineux (la Pure Conscience) et l'extérieur est plus sombre (la forme, l'ego). L'aspect lumineux de la conscience (communément appelé la Vérité, la Pure Conscience, la Source, le Soi ou le Cœur) est l'observateur qui sait distinguer le vrai du faux. La Vérité inclut le faux. La non-dualité inclut la dualité. La Pure Conscience inclut l'inconscience. Parce que la conscience a plusieurs aspects, la conscience joue à cache-cache avec elle-même. De cette façon, vous pouvez aussi dire que la conscience est l'inconscience. Mais cela a-t-il encore un sens ? Vous pouvez aussi distinguer la vraie conscience de la conscience-ego. Elle peut être examinée à partir d'angles très différents. C'est la raison pour laquelle il est préférable de ne pas essayer de trop la définir intellectuellement. Vous pourriez vous perdre au milieu des définitions et des concepts. Les définitions intellectuelles sont limitées. Ressentez la vérité dans le cœur.

La vérité est très simple. Que ressent votre cœur ? Que dit votre cœur ? Pouvez-vous reconnaître la vérité lorsqu'elle fait écho en vous ? Soyez silencieux pour comprendre le véritable sens de l'amour, de la sensibilité, du « rien » et du « vide ». Plongez au cœur de vous-même pour aller au-delà des concepts et des mots, et même au-delà du rejet des concepts et des mots. Laissez aussi de la place au rêve, car la

---

[9] Selon la philosophie « Advaita Saiva » du Cachemire, « L'univers est parfaitement réel. Étant donné que shakti, l'énergie divine est réelle, ce qui provient de cette énergie est aussi réel ». Jaideva Singh, *The Secret of Self-Recognition,* Motilal Banarsidass publishers private limited, Delhi, p.23.

Création est le plus beau des rêves. Accueillez toute chose car la Pure Conscience et la conscience-ego font partie de la même unité. La Pure Conscience est au cœur de chaque cellule et de toute forme. C'est la raison pour laquelle votre Être intérieur perçoit clairement la réalité extérieure. Mais l'ego et le monde extérieur sont souvent ignorants de la lumière intérieure. La réalité peut être lumineuse à l'intérieur et à l'extérieur. C'est *l'unité consciente*. L'unité consciente est la destination de cet univers. C'est aussi le véritable commencement de la vie, dans un univers où les limites spatio-temporelles ne sont plus les références car la vie *est*, au-delà du temps. Sur le fil infini du temps, la fleur de la Création atteindra sa pleine floraison.

Conscience et Perfection

L'univers porte en lui son principe d'équilibre. Quoi que les individus fassent, tout se rééquilibre toujours.[10] C'est le jeu des énergies, le jeu divin de l'existence. Tout est absolument parfait. Même lorsque le monde marche à l'envers, il marche parfaitement à l'envers. Quoi que les individus désirent ou rejettent, cela génère toujours les conditions optimales pour éveiller leurs esprits. Même les imperfections sont parfaites. Tout, y compris le manque de conscience, conduit à la réalisation de Soi.

Lorsque vous n'êtes pas conscient, vous croyez avoir un libre arbitre. Pourtant, vous n'êtes que la marionnette de votre conditionnement mental et du jeu divin. Tout ce qui vous arrive est prévisible. Ainsi, vous n'êtes jamais totalement libre (dans le sens où

---

[10] Pour les scientifiques, « Le monde qui nous entoure est régi par des lois physiques qui fournissent un équilibre à notre environnement. *Chaque élément a un rôle important et se régule automatiquement en symbiose avec les autres éléments.* On peut considérer ce monde comme un ensemble d'agents qui dialoguent entre eux pour obtenir *une stabilité personnelle et globale.* » Fabien Vauchelles, *Algorithmes issus de la nature* (information sur le web).

l'ego définit la liberté : « Je fais ce que je veux »). Vous êtes soit sous le contrôle du mental (peurs et désirs égoïstes), soit sous la tutelle du Cœur. Paradoxalement, c'est en soumettant votre volonté personnelle au Cœur que vous trouvez la liberté d'être totalement vous-même et d'être créateur. *Être créateur ne veut pas dire que vous pouvez matérialiser vos désirs à votre guise.* Le vrai Créateur n'a pas de volonté personnelle. La Création se manifeste, tout simplement. Lorsqu'il est clair que vous n'êtes pas votre corps mais l'essence qui comprend l'ensemble des corps, les désirs égoïstes n'ont pas de sens. Le jeu divin permet de comprendre cela.

L'égoïsme ne permet pas de trouver véritablement la joie et la paix. Si vous voulez être le conducteur de votre véhicule (vous désirez tel métier, tel genre de partenaire, telle somme d'argent, tel salaire et telle réussite), vous risquez de faire des détours sur votre chemin de vie avant d'atteindre la destination finale. Toutefois, tout détour est utile pour vous « réveiller » et retrouver le Cœur. Mais il est préférable de prendre place derrière votre véhicule et de laisser le Cœur vous guider.

Le Cœur est un conducteur très expérimenté qui connaît chaque aspect de vous-même et de l'univers. La Pure Conscience est au cœur de toute forme. Laissez-vous donc porter. Lâchez prise. Ne cherchez pas à contrôler votre vie. Par exemple, si votre ego veut faire tel métier, vous allez sûrement rencontrer des personnes qui vont vous aider à réaliser vos projets. Il semble que vous soyez sur la bonne voie. Pourtant, cette réalité est conditionnée par votre mental et ses désirs. Elle ne correspond pas à votre potentiel naturel.[11] Au contraire, lorsque votre esprit est ouvert comme l'espace et n'est pas influencé par l'ego, votre vraie nature est totalement libre de s'exprimer au travers de vous. Dans ce cas, la vie vous guide. Les phénomènes extérieurs sont l'expression de la vérité intérieure. Par exemple, vous allez voir dans la même journée dix annonces pour le même métier ou

---

[11] La Conscience est au cœur de chaque cellule et connaît le potentiel psycho-physiologique d'un individu. Naturellement, lorsque l'ego est passif, la Conscience manifeste directement ce potentiel.

bien rencontrer une personne dont le métier vous inspire vraiment. Un mouvement naturel se met en place. Les événements de la vie vous montrent clairement la direction.

Une nuit, j'ai eu un rêve amusant. Il y avait dans la nature des rails électriques et sur ces rails roulaient des chariots de supermarché. Certaines personnes n'arrivaient pas à lâcher le contrôle de leur chariot et s'accrochaient fermement derrière, alors que d'autres personnes étaient tranquillement assises à l'intérieur de leur chariot et se laissaient porter. Pourquoi ne pas vous détendre et cesser de vous inquiéter ? Lorsque vous suivez le courant intérieur (le Cœur), vous êtes sur des rails électriques. C'est l'existence elle-même qui prend soin de vous. Branchez-vous donc sur le Cœur. Laissez-le vous guider pour trouver directement la paix intérieure et l'harmonie. Vous pouvez vous détendre, vous laisser porter et même vous endormir sur la voie du Cœur. Par contre, réveillez-vous vite lorsque l'ego vous mène car il va à contre-courant. Vous allez à contre-courant chaque fois que les peurs et les désirs égoïstes vous influencent. Mettez donc de côté vos peurs et vos attentes. Écoutez votre voix intérieure. Et si parfois vous devez perdre, sachez perdre car c'est sûrement pour gagner dans un sens plus profond. Il n'y a pas véritablement de perdants dans le « jeu » de la vie.

Conscience et Cœur

La Pure Conscience est au cœur de toute chose et elle est totalement inclusive. C'est la raison pour laquelle la Pure Conscience est le Cœur. Ce Cœur s'exprime directement lorsque l'ego ne fait pas obstacle. Mettez donc de côté votre volonté personnelle. Lâchez prise. Ceci est l'état de non-action dont parle le Taoïsme. En fait, il s'agit seulement de la non-action du mental. Sans l'interférence du mental, votre vraie nature peut agir directement au travers de vous. L'état de non-action ne doit pas être confondu avec un état de passivité.

Lâcher prise ne signifie pas non plus suivre tous les courants de la vie. Si vous dites « oui » à toutes les invitations qui se présentent sur votre chemin, vous risquez de ne pas achever ce que vous vouliez vraiment faire dans la journée. La feuille virevolte dans les airs. Elle n'a ni but ni direction. Elle va où le vent l'emporte. Est-ce vraiment cela suivre le courant de la vie ? La Conscience est la direction. Lorsque l'on sait que tout est Un, on fait naturellement le choix de l'harmonie. Ainsi, il est parfois nécessaire de dire « non » à certains courants de la vie s'ils ne sont pas source d'équilibre et d'harmonie. Il y a véritable lâcher prise lorsque l'harmonie (pour soi et autrui) détermine vos choix et vos décisions. Par exemple, vous aimez prendre un verre avec vos amis au café, mais vous savez aussi rentrer chez vous à temps pour prendre soin de votre famille, de votre travail ou de vous-même. Vous êtes alors suffisamment mûr pour ne pas être influencé par votre propre ego ou l'ego d'autrui.

Être spirituel, c'est tout simplement écouter le Cœur. Notre destination est l'amour et l'harmonie. Lorsque vous êtes à l'écoute du Cœur, les décisions ne sont pas influencées par l'extérieur. *Elles proviennent d'un mouvement intérieur spontané.* Tout simplement, il apparaît naturel de dire ou de faire telle chose (par exemple: accepter ou refuser une situation, être actif ou ne rien faire). Lorsque vous êtes sensible à l'harmonie générale (pour vous-même et autrui) ainsi que détaché de l'opinion d'autrui, votre cœur s'exprime librement. Par exemple, si la décision de ne pas travailler est harmonieuse pour vous et ne perturbe en rien la vie des personnes qui vous entourent, alors quelle que soit l'opinion d'autrui, vous savez que c'est la bonne décision à prendre.

L'eau des rivières coule vivement et l'eau des lacs repose paisiblement. En écoutant votre voix intérieure, vous savez ce qui est naturel pour vous. Ne comparez pas votre vie à celle d'autrui. Chacun de nous vit ce qu'il doit vivre. L'ordre naturel est parfait. Sachons donc apprendre de la nature. Elle nous montre également que le cours d'une rivière passe au-dessus des cailloux mais contourne le bloc de pierre. En écoutant votre voix intérieure, vous savez quelle est la meilleure solution pour préserver l'harmonie. Par exemple, vous pouvez accepter intérieurement la réalité telle qu'elle est, mais vous ne la subissez pas. Vous n'avez pas à surmonter toutes les difficultés. Vous pouvez contourner les plus gros obstacles. Soyez à l'écoute de votre nature intérieure.

Être à l'écoute de votre nature intérieure (et non de votre volonté personnelle) ne signifie pas l'absence de participation individuelle. J'ai un jour entendu une histoire au sujet d'un homme qui était assis sur le toit de sa maison tandis que le niveau de l'eau montait en raison de fortes pluies. Il demanda à Dieu de l'aide et un hélicoptère arriva. Mais l'homme s'attendait à quelque chose de beaucoup plus extraordinaire de la part de Dieu : « Dieu peut arrêter la pluie ». Il ne fit pas signe à l'hélicoptère de venir à son aide. Il continua d'attendre et de prier. Dieu envoya un second puis un troisième hélicoptère. La troisième fois, il fut obligé d'accepter son aide. L'aide Divine est aussi apportée simplement par les personnes qui vous entourent. Les mains de Dieu sont aussi les mains des gens. Son aide n'est pas toujours extraordinaire. À vous donc de la reconnaître et d'agir en conséquence.

Lorsqu'il y a véritable lâcher prise, la spontanéité, le naturel, la pure action s'expriment sans l'interférence du mental. En fait, soyez tout simplement très naturel en toutes circonstances et face à vos indécisions, posez-vous la question suivante : « Quelle est la solution la plus simple, naturelle, évidente et harmonieuse ? » Bien entendu, vous ne pouvez pas toujours être clair sur la décision à prendre. Comment lâcher prise avec la volonté personnelle et écouter le Cœur (faire ce qui est vraiment naturel) ? Lorsque vous avez des doutes, faites confiance à la vie pour vous montrer clairement la direction. Certaines clés peuvent encore vous aider à trouver la clarté :

> *Lâchez prise avec l'égoïsme.* Soyez sensible aux autres et à vos propres ressentis. Vous pouvez par exemple ressentir un léger « mal-être » intérieur lorsque vos intentions sont égoïstes. À ce moment-là, sachez ne pas écouter la voix du mental qui tente parfois de vous séduire en disant : « Sois libre avant toute chose. Pourquoi te soucies-tu de cela ? » La Liberté consciente,

l'unité et l'harmonie mènent directement au Cœur. La liberté égoïste et la division en éloignent. Les choix sont clairs.

Lâchez prise avec les peurs. Ne les laissez pas vous dominer. Soyez confiant. Si la plante grimpante cache le soleil, le jardinier intervient pour laisser passer la lumière. Il y a toujours de l'aide sur le chemin. Ne doutez pas de la présence et de l'intelligence divines. Les miracles peuvent aussi arriver lorsqu'ils sont vraiment nécessaires.

Lâchez prise avec le désir de perfection. Restez vigilant. L'arbre est flexible, il bouge dans le vent, mais la flexibilité a aussi ses limites. Soyez donc conscient de vos propres limites et agissez en conséquence. Le respect de soi est tout aussi important que le respect d'autrui.

Lâchez prise avec la volonté personnelle. Souhaitez la Lumière (et rien d'autre) lorsque vous manquez de clarté ou avez besoin de résoudre un problème. Abandonnez-vous à l'intelligence divine sans souhaiter quoi que ce soit de personnel (argent, succès ou amour sentimental). La force créatrice de la Lumière est alors libre de se manifester de la manière la plus harmonieuse et optimale pour vous apporter exactement ce qu'il vous faut (pas toujours ce que votre ego souhaiterait) et résoudre votre problème.

Lâchez prise avec l'impatience. Ne vous précipitez pas dans des solutions de facilité. Parfois, la patience est la seule solution. Sachez vous détendre. Lorsque le moment de la décision est venu, il n'y a plus aucun doute. Attendez que la clarté vienne.

La compréhension de votre véritable nature est essentielle pour vivre librement votre vie quotidienne.

Chapitre 3 : Comprendre le mental

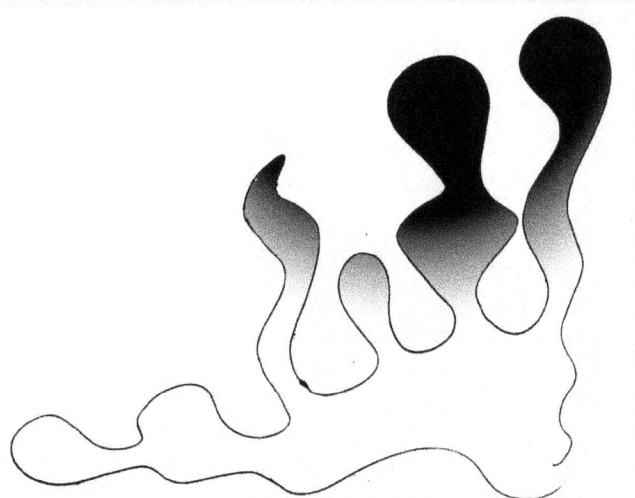

Qu'est-ce que l'ego ?

En tant qu'êtres humains, nous sommes dotés d'un cerveau nous permettant de penser. Nous développons ainsi une intelligence mentale. Cette intelligence mentale est à la fois utile et trompeuse. Elle est utile car le mental est un outil intelligent et analytique (sans lequel nous ne pourrions pas en fait nous ouvrir à la Conscience Universelle). Il permet de remettre en question notre compréhension de la réalité. En parallèle, l'outil mental est trompeur. Dès lors que les individus s'identifient à leur corps, leurs pensées et leurs émotions, ils se positionnent comme différents et distincts les uns des autres, tels les tentacules qui se croyaient séparés de la pieuvre. Cette croyance engendre le sentiment de séparation et par conséquent, les jugements, les tabous, la culpabilité, les peurs et les désirs égoïstes. Les effets sont la souffrance, la peur de la Vérité, et l'inconscience. La véritable identité est oubliée. L'inconscience pénètre le royaume de la Pure Conscience (la non-dualité).

L'ego est la Pure Conscience limitée par les fausses croyances. Ainsi, au cœur de la conscience limitée est la conscience illimitée. Le Cœur est toujours présent. Pour illustrer cela, prenons l'image de l'eau qui bout. À l'état d'ébullition, l'eau prend différentes formes et fait des bulles. Chaque bulle est en quelque sorte une contraction de l'eau. Mais elle demeure toujours de l'eau. De la même manière, l'ego est la contraction de la Pure Conscience mais il s'agit toujours de la Pure Conscience. En ce sens, le mental et la Pure Conscience sont la même chose. Seules les fausses croyances empêchent la conscience individuelle de réaliser qu'elle *est* la Conscience Universelle et qu'elle n'a jamais été séparée de quoi que ce soit. Chaque tentacule ne fait qu'Un avec la pieuvre.

La Pure Conscience est la Lumière qui distingue le vrai du faux (l'ego). Toutefois, la Pure Conscience ne rejette pas l'ego. Il n'y a pas de dualité. Elle sait, tout simplement - par le biais de l'esprit qui est conscient et/ou grâce à la sensibilité du cœur qui est éveillée. Ainsi, vous savez ce qui est juste et ce qui ne l'est pas. Vous savez ce qui est source d'amour et de joie véritable et ce qui ne l'est pas. Étant donné que la Pure Conscience sait, elle fait des choix. La Pure Conscience a une direction. Toutes les planètes tournent autour du soleil dans le même sens. Votre vraie nature sait ce qui est source d'équilibre et d'harmonie. Par conséquent, si votre « chambre » est encore sombre, le fait de comprendre votre véritable nature et l'ego vous permettra de trouver la Lumière et d'écouter votre cœur. Votre existence a un sens et une direction.

L'ego et les fausses croyances

Le mental est conditionné. L'esprit naturel est spontané. En général, en fonction des circonstances, vous fonctionnez soit sur le mode mental, soit sur le mode naturel. Pourquoi donc l'ego vous influence-t-il de temps en temps ? Le mental, c'est tout ce qui a façonné votre vision du monde et de vous-même depuis que vous êtes né. C'est en fait un réservoir d'étiquettes. Ces étiquettes construisent le « moi ». Elles donnent une idée de ce que vous êtes et de ce qu'est le monde : « Je suis comme ceci », « Elle est comme cela » et « Le monde est ainsi ». Ces étiquettes ne sont jamais neutres. Elles sont toutes teintées d'expériences personnelles. Ces expériences personnelles modèlent vos points de vue et influencent vos actions. Si vous avez été affecté par certains mots ou par certains comportements, il est probable que vous expérimentez la vie au travers d'un filtre personnel. Votre perception de la réalité est altérée. Par exemple, si un ami oublie de vous dire « Bonjour » vous pouvez penser que c'est intentionnel.

Quand vous comprenez que votre esprit est influencé par des perceptions subjectives, vous pouvez remettre en question votre perception de la réalité : « Mes pensées sont-elles justes ? » Certaines personnes ne se remettent jamais en question. Elles ont tendance à penser qu'elles ont raison et que les autres ont tort. Souvent, ce type de comportement est le fruit de peurs profondes et inconscientes. Ces peurs génèrent de forts mécanismes de défense. Est-ce votre cas ? Au contraire, d'autres personnes ont tendance à toujours penser qu'elles ont tort et que les autres ont raison. Dans ce cas, il s'agit d'une autre « blessure » profonde : la culpabilité. La culpabilité peut entraîner une autocritique excessive et une tolérance également excessive à l'égard de comportements irrespectueux. Appartenez-vous à cette catégorie ?

Quelle que soit votre « blessure », il est clair qu'elle déforme vos perceptions. Gardez donc l'esprit ouvert sur la possibilité d'avoir une vision déformée des gens et des situations. Grâce à cette compréhension, vous pouvez observer votre film mental sans être immergé dedans. Le mental n'a pas à disparaître. Le ciel a des nuages. Les concepts, les croyances et les pensées « je » ne sont en rien condamnables. Ils sont ce qu'ils sont. Tout simplement, ne les prenez pas trop au sérieux. Vous pensez que quelqu'un est distant. Est-ce vraiment le cas ? Vous croyez que tel individu est extravagant. Est-ce vrai ? Vous savez que telle personne n'est pas bien. En êtes-vous si sûr ? Vous êtes sûr de votre opinion. Pouvez-vous rester ouvert à celle des autres ? Vous êtes certain que votre façon de faire est la meilleure. N'y en a-t-il pas d'autres ? En fait, par le simple fait de prendre de la distance par rapport à vos perceptions et à vos « certitudes », le mental disparaît. Mais ne cherchez pas à faire disparaître le mental. Soyez simplement conscient du contenu de votre esprit. Cela suffit à vous libérer de l'ego. Quand vous êtes conscient, l'observateur est présent. La Pure Conscience est la Présence qui dit à l'esprit : « Cette pensée vient de l'ego. N'y fais pas attention. Détache-toi ». Être conscient, c'est être libre.

L'ego et les jugements

Voici une petite histoire. Un homme venait tous les jours s'asseoir près d'un lac et regardait pendant des heures sa surface paisible. Derrière lui, serpentait le chemin menant au village. Un jour, un ivrogne passa par là. Observant l'homme près du lac, il pensa que lui aussi était ivre et qu'il avait dû se reposer avant de pouvoir continuer son chemin. Il rit dans sa barbe et reprit sa route en titubant. Quelques heures plus tard, un homme triste arriva. Voyant cet homme seul face au lac, il pensa qu'il était également triste. À ce moment-là, l'homme du lac bougea et un petit couteau tomba de sa poche. « Était-il aussi dangereux ? » pensa l'homme triste qui se dépêcha de partir. Passa ensuite une femme jalouse, un garçon colérique, une jeune fille heureuse et un homme peureux. Tous projetèrent sur l'homme du lac mille et un visages différents. En fait, ils ne voyaient que leur propre reflet. Seul un enfant qui passait par là vit que l'homme et le lac étaient empreints de la même sérénité. Ils ne faisaient qu'Un.

Seuls les yeux innocents voient la vérité. Au contraire, lorsque le regard est voilé par l'ego, la perception d'autrui n'est pas claire. La plupart du temps, les opinions sont fondées sur des faits objectifs mais il est possible d'extrapoler et de grossir ces faits au point d'imaginer une tout autre réalité. Ce sont les projections du mental. Lorsque le mental vous influence, vous ne voyez pas autrui tel qu'il est. Vous vous faites une « idée » d'autrui. Vous retenez alors tous les signes qui semblent confirmer votre opinion. Vous trouvez des « preuves » ou des arguments pour justifier vos croyances. Ainsi, le mental est trompeur et peut être un juge impitoyable. Cela est surtout le cas lorsque vous pensez être du « bon » côté, lorsque vous êtes sûr de vos valeurs et pensez avoir raison. Cela inclut les valeurs politiquement ou spirituellement « correctes ». Faire parti du « bon » camp est souvent une excuse pour justifier ses croyances et son manque d'ouverture. L'ego peut alors apparaître dépourvu d'ego. Les apparences sont trompeuses.

Le « correct » définit l' « incorrect » et permet de juger. Tant que la sensibilité de votre cœur n'est pas éveillée, il est bon d'avoir des points de repère pour savoir quel est le comportement approprié. Toutefois, il est également important de comprendre que tout est relatif. Les comportements naturels ne peuvent pas être enfermés dans des codes de conduite. Ils dépendent des circonstances. Dans certains cas, un peu de conditionnement est nécessaire (l'engrais naturel fait mieux pousser les plantes). Élever la voix est parfois utile (après l'orage, l'atmosphère est assainie). Évitez donc de juger (même les jugements !) Il ne peut y avoir de définition stricte sur le comportement naturel adéquat.

Ne serait-il pas fâcheux de faire du jugement ou des critiques un tabou ? *La liberté d'expression est fondamentale.* Tant que la libre expression est consciente (vous ne cherchez pas à commérer ou à blesser qui que ce soit), sentez-vous libre d'avoir l'esprit critique, d'exprimer votre point de vue ou de vous confier à un ami afin de « vider votre sac ». Exprimez ce que vous ressentez. Appelez un chat « un chat ». Mais ne prenez pas vos opinions trop au sérieux ! Vous pouvez avoir tort, ou la situation que vous critiquez peut changer à l'avenir. Soyez conscient toutefois de la qualité de vos critiques. Il y a une différence entre les jugements ouverts et les jugements fermés. Si vous êtes capable d'exprimer votre désaccord tout en restant ouvert aux opinions d'autrui, cela est bénéfique pour tout le monde. Cela permet d'évoluer, de « grandir » et de clarifier les problèmes. Le résultat est souvent un point de vue plus ouvert. En regardant un paysage champêtre par la fenêtre, telle personne voit l'arbre avec ses fruits, telle autre l'écureuil sur la branche, les fleurs dans l'herbe ou le buisson épineux. Les perceptions sont subjectives. Ainsi, la conscience individuelle est généralement limitée. En prenant conscience de cela, vous pouvez garder l'esprit ouvert : « Après tout, je peux me tromper ». Cette part d'incertitude est une part de liberté, pour vous et pour autrui. Ne relativisez pas pour autant systématiquement votre point de vue. Certaines perceptions sont justes. Les concepts et les définitions sont utiles. Par exemple, la définition d'une maison propre est variable d'un individu à l'autre. Cela ne veut pas dire que vous ne pouvez pas définir ce qui est propre. Il y a en chacun de nous un bon sens. Ce bon sens reflète l'accord général sur ce que signifie la « propreté ». Ce bon sens est aussi la connaissance intuitive de la vérité intérieure (la Pure Conscience - notre sagesse ancestrale). Cela permet de distinguer le vrai du faux et de rester cohérent, personnellement et socialement. Les points de référence sont nécessaires. Si certaines personnes appellent le paon l'oiseau bleu et d'autres l'oiseau vert, nous ne saurons plus de quel oiseau il s'agit. Les concepts et les définitions sont donc utiles pour apporter de la clarté. Se libérer du mental ne signifie pas ne plus avoir recours à ses services. Vous pouvez vous servir de votre mental comme d'un outil utile, tout en demeurant le maître de votre esprit.

L'ego et la culpabilité

Lorsque les individus s'identifient à l'ego, ils peuvent avoir honte de leurs pensées et de leur comportement. Ils peuvent ressentir de la culpabilité ; mais qui est responsable ? Tant que vous n'êtes pas conscient, vous n'êtes pas responsable. Votre « blessure » est responsable. Cessez de vous identifier à elle. Cette « blessure » n'est qu'un ensemble de fausses pensées, dont la racine est souvent très ancienne. Le passé est le passé. N'y pensez plus. Rien ne sert de chercher et d'accuser un coupable. Rien ne sert non plus de vous identifier à la victime. Si vous ressentez de la culpabilité, essayez de dépasser toutes ces identifications. Victime, coupable, tournez la page. Comprenez plutôt votre « blessure » : l'ego. L'ego est en vous mais vous n'êtes pas vraiment l'ego. L'ego est un « programme » dans les cellules. Ce n'est qu'un film passager. Lorsque vous comprenez qui vous êtes vraiment (l'écran et non le film), vous pouvez vous libérer de l'identification à l'ego et de la culpabilité. Cela permet-il une liberté totale ?

Certaines personnes disent : « Je ne suis pas véritablement l'auteur de mes actes donc je ne suis pas responsable. Il n'y a rien à faire ». Par ailleurs, l'ego joue son rôle sur la scène de la conscience. Il est donc légitime que vous vous demandiez pourquoi vous devriez essayer de stopper son influence. C'est vrai, l'ego est un programme en vous et vous n'êtes pas responsable de ce programme. Vous ne devriez donc pas vous sentir « mal » ou ressentir de la culpabilité. Toutefois, cette compréhension ne doit pas être une excuse pour laisser l'ego agir librement ! Le but du jeu est d'être conscient. N'oubliez pas qui vous êtes. Chaque tentacule est la pieuvre. Tout est

Vous. À partir du moment où vous êtes conscient et que vous comprenez qui vous êtes vraiment et ce qu'est l'ego, un détachement s'opère et votre comportement change. Vous pouvez observer votre ego sans vous identifier à lui et de ce fait, il n'a plus d'influence. Par exemple, vous pouvez reconnaître que votre ego a dérangé votre voisin et par conséquent, vous faites de votre mieux pour améliorer la situation. Qui est maintenant l'auteur de vos actes ?

Sans ego le mental n'est pas actif. Vous ne calculez pas et vous n'avez pas de plans fixes. Cela peut paraître étrange ou inquiétant. Vous ressentez peut-être une sorte de vide intérieur. Vous avez aussi peut-être peur de perdre le contrôle. Qui agit lorsque les pensées s'arrêtent ? Le tournesol n'a pas de tête mais il s'oriente naturellement vers le soleil. De la même façon, sans ego, un mouvement naturel s'opère. Ne pas penser est un état de *pure connaissance* et de *pure action*. Vous ne pensez pas mais la pensée survient dans l'esprit. Vous n'avez pas de plan mais le plan apparaît clairement. Vous n'agissez pas mais l'action se manifeste. Par exemple, la solution pour régler le différend avec votre voisin surgit d'un seul coup dans votre esprit. Et lorsque la solution ne vient pas. Que devez-vous faire ? Ne pas avoir de clarté n'est pas un problème. Cela veut tout simplement dire que le temps de la clarté et de l'action n'est pas encore venu. Détendez-vous. Attendez. À un certain moment, les décisions à prendre apparaissent de manière évidente et les choix sont clairs. Un mouvement se met en place à l'intérieur de vous, ou à l'extérieur. Qui est alors responsable de ces choix ? Qui est l'auteur de vos pensées et de vos actes ? C'est bien entendu la Pure Conscience, le Cœur. Qui êtes-vous vraiment ? Voyez-vous encore une différence entre Vous et le Cœur ?

Pour certaines personnes, « Je » signifie le Cœur et pour d'autres l'ego. En fonction de l'angle de perception de chacun, il est tout aussi juste de dire « Je suis l'auteur de mes actes » ou « Je ne suis pas l'auteur de mes actes ». Chaque point de vue est correct, tant que le sens des mots est clair. Toutefois, ne jouons pas avec les mots et les angles de perception. Cela pourrait créer de la confusion. La plupart du temps, il s'agit simplement du jeu intellectuel de l'ego. Lorsque vous voyez que vous êtes piégé dans ce jeu, ne jugez pas votre esprit, ne vous sentez pas coupable. Retrouvez simplement le Cœur et le silence intérieur.

L'ego et les peurs

L'ego comprend aussi le programme « peurs irrationnelles ». Les peurs irrationnelles n'ont pas de justification dans le moment présent. Ce sont de pures illusions. Toutefois, lorsque le mental est aux commandes, les peurs irrationnelles peuvent apparaître. Comprenez simplement qui vous êtes vraiment. En trouvant la Source de votre Être, les peurs irrationnelles se dissipent.

Observez vos peurs comme des nuages dans le ciel, avec détachement. Que se passe-t-il alors ? Elles se dissipent. Votre esprit est à nouveau tel l'espace : ouvert, vide, totalement paisible et satisfait. Ceci est véritablement Vous et ne peut jamais vous être ôté. Observez cela dans la vie courante. Chaque fois que les peurs, les désirs égoïstes et les jugements hâtifs surgissent dans votre esprit, prenez-en conscience. Ne les laissez pas vous emporter. En revenant à la Source (la Présence neutre et ouverte), l'ego se dissipe. Votre esprit est telle une corde élastique accrochée à un point fixe. La corde bouge et s'étire jusqu'à ce que le mouvement s'arrête et que la corde soit à nouveau immobile. L'ego apparaît et disparaît mais votre vraie nature est permanente. Votre Présence (le point fixe) est toujours là. Même lorsque vous vous laissez emporter par votre film mental, il y a encore quelque chose en vous qui peut reconnaître ce film, n'est ce pas vrai ? La Conscience est toujours présente. Il n'y a aucune raison d'avoir peur. Croyez-en vous et en l'existence.

L'ego et les désirs

Lorsque vous croyez avoir perdu le contact avec votre véritable nature, qui est déjà pleinement satisfaite, vous recherchez la satisfaction à l'extérieur. Ainsi, par manque de compréhension, l'ego veut « plus et mieux, encore et encore ». L'ego a des désirs, des attentes et forcément, des insatisfactions et des désillusions. Quand l'ego est prédominant, la satisfaction est rare. En général, le mental pousse, force, anticipe, compare et prend peur de ne pas profiter au mieux des possibilités offertes par la vie.

En ce qui concerne l'éducation des enfants par exemple, le mental a tendance à privilégier la réussite sociale par rapport au développement personnel. Le contraire est également vrai. Il est alors demandé aux enfants de plus en plus de prouesses, à tous les niveaux. Cela peut générer des situations où l'esprit est encombré de connaissances et n'est plus en contact avec sa véritable intelligence intérieure. Cela peut aussi avoir pour conséquence de trop nombreuses activités, la dispersion et un enseignement superficiel. Réagir contre ce phénomène et "ne rien faire" n'est pas non plus la solution.

L'épanouissement personnel et la réussite sociale ne sont pas antinomiques - les deux peuvent être accomplis. La solution n'est-elle pas de trouver le juste milieu ? Si tel est le cas, il y a un temps pour tout. Il y a un temps pour l'originalité, la créativité et un temps pour un enseignement académique simple, régulier et méthodique. Il y a un temps pour jouer et s'exprimer librement mais aussi un temps pour la discipline et la concentration. Il y a un temps pour le corps et un temps pour l'intellect. Il y a un temps pour être avec les autres et un temps pour le silence intérieur. Dans tous les cas, lorsque les enfants sont respectés, ils sont naturellement à l'écoute de ce silence. Leur intelligence intérieure les guide. Cela permet un développement personnel et social harmonieux. Les graines contiennent déjà les fleurs à venir. En donnant le meilleur de nous-mêmes et toute la chaleur de notre amour, les graines deviennent des fleurs épanouies. « L'éducation est le développement de l'être intégral. Esprit, Cœur et

Main - ces trois aspects doivent être pris en compte au travers d'une éducation artistique, scientifique et pratique. Le corps, l'esprit, l'intellect et l'âme doivent se développer harmonieusement. »[12]

Comportement mental et comportement naturel

Dans les paragraphes suivants, je décris plusieurs types de comportements afin de clairement distinguer le comportement mental du comportement naturel. Par exemple, lorsque vous fonctionnez sur un mode mental, vous avez tendance à avoir des comportements systématiques. Vous décidez peut-être de ne jamais donner d'argent aux mendiants car vous pensez que c'est inutile. Ou au contraire, vous décidez de toujours leur en donner si vous estimez que cela les aide. Les comportements naturels ne sont pas systématiques. En fonction de l'instant présent et des circonstances, vous ressentez l'envie de donner de l'argent ou pas. Moins vous réfléchissez, moins vous calculez et plus vous donnez une chance à la vie de révéler sa magie et ses mystères. Il se peut très bien que le mendiant dépense votre argent au café mais il se peut aussi qu'il rencontre dans ce café une personne qui le sorte de sa condition.

Les personnes ouvertes aux courants de la vie peuvent paraître déroutantes. Leur conduite ne semble pas toujours logique. En fait, être sensible à l'instant présent est la seule ligne directrice qui ait véritablement du sens. Bien entendu, cela peut rendre la vie beaucoup plus imprévisible et changeante. Les plans d'action ne sont pas préétablis. Et s'ils le sont, ils ne tiennent pas devant l'évidence de la situation présente. Par exemple, une famille peut prévoir d'aller à tel endroit pendant les vacances, mais si avant de partir elle ressent qu'il est préférable de rester à la maison, elle y restera en dépit de tous ses plans.

---

[12]Purnima Zweers, *Spiritual Education,* citation de Swami Sivananda traduite en français, Indica Books, Varanasi, p.33.

Qu'est-ce qui influence les comportements naturels ? Ne serait-ce pas le sens du bien-être, de l'équilibre et de l'harmonie ? Ainsi, la personne naturelle ne se force généralement pas à accepter par intérêt, peur ou culpabilité des situations qui ne lui conviennent pas. Elle suit son ressenti intérieur, son intuition. Souvent, je remarque qu'il y a une compréhension idéaliste de ce que signifie être spirituel. Le mythe est qu'une personne spirituelle est absolument silencieuse, calme et non colérique. Pourtant, sans ego, vous êtes tout simplement naturel. En fonction des circonstances, vous pouvez même être bavard, excité ou colérique. Être naturel, c'est être spontané. Vous laissez votre vraie nature s'exprimer librement. Vous suivez le courant. Soyons clairs au sujet de cette expression. Suivre le courant ne veut pas dire qu'il faut accepter n'importe quelle situation du quotidien. Par exemple, si une situation est injuste, ne la subissez pas. Exprimez naturellement votre désaccord ou œuvrez de votre mieux pour que justice soit faite. Le « oui » intérieur n'est pas une entrave au « non » extérieur. Le respect de soi est tout aussi important que le respect d'autrui. Cela seul permet de maintenir l'ouverture au Cœur et de suivre son courant. Des limites naturelles peuvent être fixées. Ces limites proviennent de l'entendement du Cœur. Elles ne sont pas le fruit du rejet, du désir de blesser ou d'une envie de revanche. Les limites naturelles préservent l'harmonie. Par exemple, par souci de bien-être général, vous limitez l'accès à votre espace de travail. Votre voix intérieure sait ce qui est source d'équilibre et d'harmonie. Suivez le courant du Cœur.

Lorsque vous fonctionnez mentalement, vous ne pouvez pas comprendre les comportements intuitifs. Ils vous paraissent risqués et immatures. Ils n'obéissent pas à la logique et aux conventions. Ils ne tiennent pas compte non plus des leçons du passé. Toutefois, la notion de risque n'est fondée que pour la personne mentale. Pour la personne naturelle, l'écoute de la voix intérieure prime sur l'idée de risque. Ouvrir par exemple son magasin dans un lieu agréable (pas trop loin cependant du centre commercial) lui semble une meilleure idée que dans la rue la plus commerçante. Nous sommes tous différents. Lorsque nous écoutons notre voix intérieure, nous trouvons naturellement notre place. Nous sommes alors en harmonie avec l'ensemble des éléments environnants.

À l'écoute de votre rythme intérieur, vous êtes aussi en harmonie avec l'ordre naturel. Par exemple, en marchant lentement sur le chemin, vous évitez même d'écraser la fourmi et le serpent a le temps de fuir. L'harmonie n'est pas pour autant systématiquement le résultat d'actions lentes ou calmes. Prenons par exemple le cas de la circulation en Inde. Comment se fait-il qu'il n'y ait pas davantage d'accidents ? Vaches, enfants, piétons, voitures, vélos, motos, chiens, tout le monde est sur la route. Il semble que ce soit le chaos total. Pourtant, il y a un ordre parfait dans ce chaos. Tout le monde trouve sa place et se faufile, comme par magie. En général, personne ne réfléchit. Tout le monde se lance dans la circulation sans peur et de cette façon, l'harmonie est présente. Ne pas réfléchir élargit le champ des possibilités. C'est difficile à croire car nous sommes conditionnés à penser que sans réfléchir ou planifier nous courons de grands risques. Pourtant, c'est le contraire qui se passe.

Étant donné que pour toute vérité, il existe une contre-vérité, une réserve s'impose en ce qui concerne le fait de ne pas réfléchir. Dans certaines situations, les tendances mentales et les peurs peuvent être fortes. Ne pas réfléchir pourrait alors être plus néfaste que bénéfique. En effet, si votre vraie nature est étouffée par les peurs, elle ne peut s'exprimer et prendre les commandes. Dans ce cas, le mental est en « contrôle ». Acceptez cela. Ne forcez rien. Observez simplement vos peurs sans les juger. Progressivement, elles disparaîtront. Au contraire, lorsque votre vraie nature n'est pas limitée par les peurs, elle est totalement libre d'agir. Lorsque le mental n'interfère pas, le Cœur vous guide spontanément. Votre vraie nature est Une avec toute chose et de ce fait, elle « connaît » et ressent spontanément comment agir ou se comporter. Au cœur de vous-même, il y a une sensibilité, une sagesse, un discernement d'une force et d'une intelligence inimaginables. Vous pouvez faire totalement confiance à cette force et vous abandonner à elle. Mais comment vous abandonner vraiment ? Comment écouter votre cœur ? Lorsqu'une bouteille vide est fermée par un bouchon, l'air frais de la nature environnante ne peut pénétrer dans le réceptacle. Comment enlever le bouchon (l'ego) ? Comment faire en sorte que l'intérieur et l'extérieur s'unissent et soient ce qu'ils ont toujours été : un seul souffle passant en toute chose ?

Chapitre 4 : S'ouvrir au cœur

Marie, 7 ans

Cœur et états de conscience

Dis-moi, l'ami,
Prends-tu le temps de te poser ?
Prends-tu le temps de t'écouter ?
Laisses-tu tes « blessures » remonter ?

Il est temps.
Prendre un peu de temps pour soi
N'est pas perdre son temps.
Ose regarder qui tu es et exprimer pleinement
L'Enfant en toi qui t'appelle, éternellement.

Votre enfant intérieur ne cesse de vous appeler, mais tant que votre esprit n'est pas ouvert, vous ne pouvez l'entendre. En revanche, lorsque votre esprit s'ouvre parce qu'il n'est plus dans la dualité et le rejet de lui-même, alors plus rien n'est un voile à l'amour.

Pour s'ouvrir au Cœur, le grand sage indien Ramana Maharshi préconisait de « suivre la trace de la pensée 'je' (l'ego) jusqu'à sa source pour trouver d'où surgit le 'moi'. À ce moment-là, le 'moi' se dissipe ». [13] Cette technique est appelée auto-investigation et Ramana Maharshi la recommandait constamment comme la façon la plus directe de découvrir l'irréalité de la pensée « je ». Prenons par exemple la pensée « Je ne m'aime pas ». Certains d'entre nous croient à cette pensée. Elle n'est pourtant qu'une idée fausse, un conditionnement. Si vous observez cette pensée et l'émotion qu'elle provoque en vous, vous voyez que vous n'êtes ni la pensée, ni l'émotion mais celui qui les observe. En ce sens, l'ego est une illusion.

---

[13] *Be As You Are. The Teachings of Sri Ramana Maharshi*, edited by D.Godman, Penguin books, 1992, pp.46-47. Traduit en français sous le titre: *Sois ce que tu es. Les enseignements de Sri Ramana Maharshi*, Sri Ramanashramam, Tiruvannamalai, India, 2005.

Sous le regard de la conscience, les pensées et les émotions se dissipent. Toutefois, est-il aisé de prendre conscience de l'ego dans le quotidien? L'esprit retrouve-t-il facilement sa Source : le Cœur? Examinons comment la conscience individuelle fonctionne en général.[14]

L'état mental

À l'état mental, la Pure Conscience est, en surface, limitée par l'ego. L'esprit croit à des idées fausses, telles que : « Je ne suis pas heureux » ou « Elle ne m'apprécie pas ». Lorsque les croyances sont fortes, il n'est pas possible de douter d'elles et de s'en détacher. L'ego influence alors le comportement. Par exemple, la pensée «Je ne suis pas heureux » peut induire la décision «Je ne sortirai pas ce soir». La pensée « Elle ne m'apprécie pas » peut avoir pour conséquence « Je ne veux plus la voir ». La racine de l'ego est la pensée « Je ne suis pas une personne bien ». Par conséquent, il est important de comprendre que cette croyance n'est pas vraie. L'ego n'est pas vraiment vous. Cette compréhension est la base de la guérison et de la paix intérieure.

Bien que les pensées « je » soient erronées, elles existent quand même dans la plupart des esprits. Elles peuvent donc avoir des conséquences dans la vie. Ainsi, des pensées erronées peuvent faire du tort à quelqu'un. Lorsque vous êtes identifié à l'ego, vous ne pouvez pas faire face aux conséquences de vos pensées et de votre comportement. Vous ne pouvez pas être l'observateur neutre et détaché de votre ego. Celui-ci est trop dérangeant. La culpabilité est trop forte. À ce stade, il n'est pas encore possible de pratiquer l'auto-investigation dans le quotidien. Lorsque l'ego dérange l'esprit, la Source, bien que toujours présente, ne peut être trouvée.

---

[14] Les exemples donnés tout au long des pages à venir concernent bien entendu tout autant les femmes que les hommes, même si pour des raisons pratiques d'écriture, je fais généralement usage du masculin dans le texte.

L'état de conscience instable

Dans ce cas, l'esprit est suffisamment conscient pour saisir les pensées « je » et s'en détacher. Toutefois, la réconciliation intérieure n'étant pas suffisamment profonde, les tendances mentales ressurgissent. Par exemple, l'esprit est capable de se détacher de la pensée « Elle ne m'apprécie pas » mais comme au fond, cette pensée dérange encore, elle revient à l'esprit. Tant que vous ne pouvez pas croire que vous êtes vraiment « bien », l'ego reste actif. Dans ce cas, la pratique de l'auto-investigation est possible mais demeurer conscient peut être difficile et contraignant dans certaines situations.

L'état de conscience stable

Lorsque vous savez que l'ego n'est pas véritablement Vous, vous n'êtes pas en conflit avec lui. L'esprit est stable et détaché. L'ego fait partie de Soi mais le Soi n'est pas l'ego. Le nuage est dans le ciel mais le ciel n'est pas le nuage. Vous pouvez désormais saisir l'ego et vous détacher de son influence de plus en plus facilement. Par exemple, les pensées « Elle ne m'apprécie pas » ou « Je ne suis pas une personne bien » jaillissent dans l'esprit mais elles ne sont pas prises au sérieux. Toutefois, face à de nouvelles situations, l'ego peut encore déranger la paix intérieure. Les vieux mécanismes du mental ont tendance à ressurgir. Mais étant donné que vous êtes conscient, vous retrouvez rapidement votre paix intérieure. Dans ce cas, la pratique de l'auto-investigation est une aide précieuse.

L'ego peut aussi être subtil et raffiné. Il est alors difficile à saisir. Quand la conscience individuelle s'identifie à la personne en paix, à la personne de cœur ou à la personne spirituelle, elle peut rentrer dans ce rôle et de ce fait, elle peut manquer de sincérité. L'ego subtil demeure alors presque inaperçu mais il influence encore le comportement. L'ego subtil essaie de prouver sa supériorité. C'est le plus trompeur de tous. Toutefois, l'ego subtil cesse de vous influencer lorsque vous en prenez conscience et comprenez qu'il est présent en chacun de nous. *Êtes-vous conscient de votre ego subtil ? Qu'essaie-t-il de prouver ?* Lorsque l'ego subtil est reconnu et accepté, la réconciliation intérieure est profonde. Il n'est plus nécessaire de prêter attention aux pensées « je ». Le Cœur les saisit instantanément à sa façon.

L'état naturel

L'état naturel est la conscience du Cœur. Lorsque vous pouvez rire de tout, y compris des imperfections qui sont en vous, vous retrouvez votre enfant intérieur et votre innocence. Ceci est l'état naturel. L'esprit ne résiste pas à la vérité de ce qui est présent « ici et maintenant ». Par exemple, vous n'essayez pas de nier qu'il y a un nuage dans votre ciel. Vous n'êtes pas piégé par quelque rôle que ce soit.

La technique de l'auto-investigation permet de retrouver le silence intérieur en observant le contenu de l'esprit (les pensées « je »). Toutefois, ce silence peut encore être « technique », car il est le fruit d'une méthode. Il ne provient pas d'une réelle réconciliation intérieure. Ce silence peut alors être ressenti comme une sorte de « vide indifférent ». La sensibilité du cœur n'est pas encore totalement éveillée.

À l'état naturel, l'esprit n'a pas besoin d'observer son contenu. Il est directement connecté au Cœur. Il « connaît » spontanément. Le silence intérieur est alors ressenti comme un « vide spontané ». Lorsque l'esprit repose dans le Cœur, l'individu est sensible et ressent les situations. Il ressent par exemple s'il est préférable de se mettre en avant ou d'être en retrait. Le Cœur n'est pas indifférent. Il favorise autant que possible l'unité et l'harmonie. Les intérêts d'autrui sont autant pris en compte que les intérêts personnels. La conscience du cœur s'éveille lorsque vous êtes réconcilié avec votre ego. Il n'y a pas de résistance, de dualité. L'esprit est paisible et silencieux. Dans ce silence, le naturel s'exprime. Les personnes naturellement silencieuses sont donc généralement légères, spontanées, ouvertes et joyeuses. Comme les enfants, elles observent et accueillent la réalité telle qu'elle est : sans jugement, sans référence au passé et sans idées préconçues de l'avenir. Les enfants n'ont pas de distance avec la réalité (ce qui est présent « ici et maintenant »). Ils la ressentent toujours dans leur cœur. Ils ne font qu'« Un » avec elle. Ainsi, tel un diamant, le Cœur reflète les couleurs environnantes. Le Cœur est un miroir.

Le Cœur est léger car il n'a rien à prouver ou à prétendre. C'est pour cette raison que dans certains cas, le Cœur ne correspond pas aux attentes d'autrui au sujet de l'amour. Le naturel s'exprime librement. La Pure Conscience peut aussi se manifester sous une forme courroucée si une situation le requiert. Il est préférable de ne pas essayer de comprendre le Cœur au travers du mental. Il ne peut être compris de cette façon car il s'exprime différemment en fonction des circonstances et des individus. Ainsi, son expression est parfois surprenante et inattendue. La Pure Conscience se manifeste aussi différemment en fonction de la nature intérieure de chacun. Par exemple, il est naturel pour certains d'être silencieux et pour d'autres d'être bavards. Il est naturel pour certains de vivre en communauté alors que d'autres aiment l'isolement. Certains sont actifs alors que d'autres aiment l'oisiveté. Certains sont doux et d'autres espiègles. Nous sommes « Un » mais chaque « un » a son propre parfum. La Pure Conscience a plusieurs noms et formes mais il s'agit pourtant de la même et unique réalité. Chaque branche de l'arbre contient la même sève.

Certaines personnes n'ont jamais quitté l'état naturel. Leur cœur n'a jamais cessé d'être leur guide. Cependant, elles n'ont pas encore véritablement compris leur vraie nature. « Qui êtes-vous vraiment? » Pouvez-vous apporter votre propre réponse à cette question ? La réalisation de votre véritable nature sera alors directe et sans effort pour vous. Ouvrez les yeux car votre vraie nature embrasse déjà toute chose. Vous pouvez reconnaître la beauté et la Divinité en toute personne et en toute chose. Votre conscience est en paix. L'amour, telle une fontaine jaillissante coule et s'exprime au travers de vous.

Ainsi, de l'état mental à l'état naturel, la Pure Conscience s'exprime différemment. En résumé, on peut dire que la Pure

Conscience est soit : *limitée* par le mental (en surface), *instable* et oscillante entre le mental et le Cœur, *stable* mais encore subtilement influencée par l'ego, et *naturelle* lorsque l'esprit est ouvert à la vérité et repose dans le Cœur. La Conscience change d'état (et de forme) jusqu'à ce qu'elle puisse devenir consciente d'elle-même et réaliser sa vraie nature. Il n'y a alors pas de dualité car même la dualité est intégrée.

Par conséquent, tant que l'ego dérange votre esprit, l'attention doit être portée aux pensées « je ». Comment ne pas être dérangé et influencé par l'ego ? Suffit-il de dire, comme je l'entends parfois, que « l'ego est une illusion » pour ne pas subir son influence ? Pouvons-nous nier la réalité de l'illusion ? Intellectuellement, il est possible d'affirmer : « Je ne suis pas l'ego ». Toutefois, tant que vous êtes identifié à l'ego dans la vie quotidienne, vous ne pouvez nier son influence. L'ego joue son rôle.

S'ouvrir au Cœur « ici et maintenant »

La conscience individuelle peut s'ouvrir au Cœur. Pour cela, la peur de la vérité doit être dépassée. En général, nous avons tendance à fuir la vérité parce que nous ne voulons pas voir ce que l'ego a fait à notre Être : séparation, jugement, rejet et culpabilité. L'inconscient est le fruit de cette peur. Toutefois, lorsque l'esprit s'ouvre à la vérité et accepte l'ego tel qu'il est, la transformation arrive sans même la rechercher. Le métal se transforme en or (alchimie). Par exemple, lorsque vous reconnaissez que votre jugement est erroné (« Cette personne n'est pas bien »), les fausses pensées disparaissent et votre esprit est de nouveau libre. L'amour peut prendre son envol.

Nous sommes tous à un certain stade de développement personnel, à un certain endroit sur notre chemin de vie. Telle personne est avancée. Elle est sage. Telle personne stagne encore au départ du chemin. Telle autre est à mi-route. Cela n'est pas important. Où que vous soyez sur le chemin, l'important n'est pas d'essayer d'être ailleurs mais d'accepter totalement votre position actuelle. Accepter l'ego tel qu'il est, « ici et maintenant », est la clé de Soi.

S'ouvrir au Cœur n'est pas une question de niveau spirituel. Il n'y a aucun état à atteindre. La Vérité est au-delà de ce qui est « élevé » ou « bas ». Ces catégories n'appartiennent qu'au mental. La recherche de la perfection est encore le jeu de l'ego. Vous êtes déjà parfait. Ouvrez-vous simplement à tout ce qui passe dans votre champ de perception. Ouvrez-vous à la vérité de ce qui est « ici et maintenant ». La vérité est la clé de Soi. L'important n'est pas votre état intérieur (par exemple : un état de félicité ou de dépression). L'important est que l'observateur soit présent et accepte ce qui est. Cela vous amène au-delà de la félicité ou de la dépression, à la Source de votre être.

Vous êtes déjà ce que vous recherchez. Le ciel existe indépendamment des nuages. Toutefois, le ciel accueille sans distinction toutes sortes de nuages, qu'ils soient blancs, roses ou gris. De la même manière, la réalisation de Soi est l'acceptation de toutes sortes de pensées. L'esprit est ouvert comme l'espace. Accepter par exemple l'absence de sérénité est la véritable paix. Les pensées passent mais l'esprit les accueille. S'ouvrir au Cœur ne nécessite pas d'éliminer les nuages. Il suffit tout simplement de les accueillir. Lorsque plus aucun nuage ne vous dérange, vous êtes parfaitement réalisé et sage. Toutefois, ne tombez pas dans le piège de rechercher ce type de perfection. Soyez ouvert d'esprit. C'est tout ce qui importe. Le fait de voir et de reconnaître les imperfections de votre ego permet de retrouver votre état naturel de perfection. Être ouvert à la vérité, c'est s'ouvrir au Cœur.

Le Cœur a déjà totalement accepté l'ego. Ainsi, tout le monde est déjà pardonné et n'a jamais cessé de l'être. Seuls certains esprits résistent à leurs ombres. Comment savoir si vous résistez à votre ego ? Tant que vous rejetez l'ego d'autrui, vous n'acceptez pas non plus votre propre ego. Si cela est votre cas, lâchez prise avec vos mécanismes de défense. Ouvrez-vous à votre vulnérabilité et développez un bon sens de l'humour. Ne vous prenez pas trop au sérieux.

En tant qu'enseignante de Yoga, je constate qu'il est parfois difficile de lâcher prise. Dans chaque posture, il n'est pas nécessaire d'essayer de réussir parfaitement la pose finale. Il suffit de trouver la détente et d'accepter vos limites. C'est en fait dans cet état de non-résistance que le corps et l'esprit se détendent et s'ouvrent. Il en est de même dans la vie courante. Lorsque l'esprit ne résiste pas à l'ego, toutes les frontières s'effacent. Le Yoga dans son sens originel d'union, d'ouverture au Cœur, est toujours « ici et maintenant », tel que vous êtes, avec votre Lumière et vos ombres, tel le ciel (l'espace) qui accueille les nuages.

Le Cœur : symbiose entre la réalité intérieure et extérieure

Ce qui est en soi se manifeste à l'extérieur. Ainsi, si l'on me demandait « Comment trouver la paix et l'amour dans ma vie ? », je répondrais ceci : Vous êtes déjà la paix et l'amour. Ceci est votre vraie nature. N'en doutez jamais. Cela ne peut jamais vous être ôté. Maintenant, œuvrez de votre mieux dans cette vie en faveur de la paix et de l'amour. Faites-le en respectant votre nature intérieure. Ne vous forcez pas. Peu importe qu'il s'agisse de « petits » gestes ou de « grands » projets. Bien s'occuper de sa famille, prendre soin de son jardin est tout aussi respectable que de construire des hôpitaux ou de s'isoler dans un monastère. Écoutez votre voix intérieure. Faites ce que vous ressentez comme vrai et juste pour vous, sans rien attendre en retour. Soyez détaché du résultat. Ainsi, vous accueillez la paix et l'amour véritables dans votre vie.

Nous souhaitons tous retourner chez « Soi ». Cette aspiration pour l'amour et la paix, même intense, est naturelle. Le cours d'eau recherche naturellement le chemin de l'océan. Au contraire, le mental a tendance à suivre le cours de l'eau dans son seul intérêt personnel. Par conséquent, avant de suivre quelque courant que ce soit, posez-vous les questions suivantes : « Quelles sont mes réelles intentions ? Est-ce que je veux prouver quelque chose ou mon but est-il de sincèrement aider moi-même et/ou autrui? Est-ce que mon projet est naturel ou est-il le fruit de l'ambition et de peurs ? Que dit ma voix intérieure ?» Écoutez cette voix. C'est ainsi que l'existence peut vous aider et vous soutenir. Elle vous aide de toute façon mais si vous écoutez votre « tête », son aide peut prendre la forme d'un « bâton » (l'effet boomerang). Les choix sont clairs. Écoutez votre Cœur.

Guérir son esprit, c'est aussi guérir autrui. La réalité intérieure a des répercussions sur le monde extérieur. Ainsi, si quelqu'un dispose d'une lampe électrique dans une pièce sombre, la lumière révèle automatiquement la sortie. La paix intérieure est un joyau précieux. C'est une perle d'eau pure qui résonne dans l'océan tout entier. Souvent, lorsqu'il y a une découverte scientifique à un bout de la planète, la même découverte est faite quasi simultanément à l'autre bout de la planète. Toute information se diffuse automatiquement. C'est comme les vagues qui se propagent sous la force du vent. Plus les individus s'éveillent, plus la Lumière se répand paisiblement et sans effort dans le monde. Plusieurs individus qui réalisent leur véritable nature peuvent entraîner un changement global de conscience. Si la réalité intérieure a un impact sur le monde extérieur, en parallèle, prendre soin du monde extérieur a des répercussions sur sa propre personne.

«Ce qui arrive aux animaux et aux poissons nous arrive aussi hommes et femmes.
Ce qui arrive aux forêts se répercute aussi dans nos corps,
étant donné que nos corps, comme les arbres,
sont faits de la même terre.
Nos corps ne sont-ils pas des formes articulées d'argile,
douées d'intelligence ?
Un effort consciencieux pour guérir la terre
se manifesterait comme la guérison ultime de nos propres corps » [15]

---

[15] Message reçu dans un email transmis par mon ami Annamalai.

55

Ce monde est soutenu par la nature, les animaux et bien sûr, par les esprits sereins et éveillés. N'oublions pas d'être reconnaissants à ce « monde extérieur » et de le traiter avec le respect qu'il mérite. C'est cela le respect total de Soi.

Garder l'esprit ouvert

Garder le cœur ouvert c'est garder l'esprit ouvert. Certaines situations du quotidien peuvent avoir pour effet de fermer votre esprit. Voici donc quelques clés qui peuvent vous aider à maintenir votre esprit ouvert et paisible.

La clé de la compréhension

Chaque fois que vous n'arrivez pas à accepter des aspects de vous-même ou d'autrui, rappelez-vous ceci : *« Ce que je n'aime pas de moi, c'est seulement ma « blessure ». Ce n'est pas qui je suis. Je suis fondamentalement Amour ».* Et *« Ce que je n'aime pas des autres, c'est leur « blessure ». Ce n'est pas qui ils sont. Chaque personne est fondamentalement Amour. »*

La clé de la sensibilité

Chaque fois que votre cœur n'est pas en paix, rappelez-vous que c'est parce qu'il n'est pas satisfait. Or, vous pouvez satisfaire et nourrir votre cœur en étant *sensible à vos propres besoins et à ceux d'autrui.* Certaines personnes n'oublient jamais de se faire plaisir mais elles négligent les besoins de leurs proches. Elles peuvent alors ressentir au fond d'elles un sentiment de vide ou d'indifférence. D'autres personnes oublient de se faire plaisir mais elles tiennent excessivement compte des besoins d'autrui. Dans ce cas, il peut y avoir le ressenti d'un fardeau. Trouvez donc le juste milieu approprié à votre cœur et laissez ce « juste milieu » évoluer naturellement au rythme de votre ouverture au Cœur. Pour certains, l'ouverture est tellement grande qu'aider sans rien attendre en retour n'est jamais un fardeau. Toutefois, il est clair que vous n'avez pas à vous forcer. Respectez simplement votre nature. La nature a ses rythmes et ses saisons. Parfois, vous devez prendre soin de vous-même et parfois, il est temps de prendre soin des autres.

Lorsque vous respectez votre nature intérieure, votre cœur est pur. Il n'est pas conditionné. Il se peut qu'il ne soit pas apprécié comme un « grand cœur », mais c'est un cœur pur. En ce sens, l'amour est la liberté d'être vous-même. Cet amour-là est toujours source d'harmonie.

La clé de l'humour

Au lieu de résister à l'ego, pourquoi ne pas reconnaître que *l'ego est en chacun de nous le même*. Quelle relaxation ! Vous n'avez pas à prétendre quoi que ce soit ou à comparer : « mon ego est meilleur que le tien » ! Vous n'êtes pas le corps. Vous êtes le Cœur. Et le Cœur contient la totalité de l'existence et tous les aspects de l'ego. La Pure Conscience est au cœur de toute forme. Il ne sert à rien de montrer du doigt les autres. Développez au contraire un bon sens de l'humour !

La clé de la confiance

Chaque fois que vous n'êtes pas satisfait de votre vie, rappelez-vous que *tout est parfait*. Soyez confiant et patient. Rien n'est le fruit du hasard. Si vous manquez de clarté quant aux décisions à prendre, rappelez-vous que ce n'est souvent qu'une question de patience. Quand vous ne savez vraiment pas quoi faire, sachez attendre que la vie vous indique la direction ou que la décision à prendre devienne un jour évidente.

Fondamentalement, chaque épreuve est un cadeau. Le but est de vous rendre plus fort et plus ouvert. Les difficultés permettent aussi de comprendre à quel point votre mental est trompeur. N'oubliez pas non plus que ce qui apparaît aujourd'hui comme une infortune peut s'avérer être en fait une chance inestimable à l'avenir. Sans l'ego et l'illusion d'avoir des chaînes, sauriez-vous vous « libérer » et savourer votre liberté ? Faites confiance jusqu'au bout. Ne doutez pas de la force divine de l'amour et de la vérité, surtout si vous devez faire face à l'injustice. L'amour et la vérité se manifesteront. Toutefois, la confiance absolue ne signifie pas la confiance aveugle. Restez vigilant. Il n'y a pas de danger.

Enfin, certaines personnes ont des peurs irrationnelles, des superstitions ou croient aux « mauvais esprits ». Il n'y a pourtant rien à craindre et rien ne peut vous affecter si vous faites totalement confiance à la vie et à vous-même. Avez-vous peur de vous-même ? Accueillez la vérité et retrouvez le silence intérieur. Souhaitez de tout cœur la Lumière (pour vous et pour autrui). Cela dissipe toutes les ombres.

La clé de la libre expression

La libre expression est préférable à l'attitude fermée. Les préjugés peuvent vous éloigner de certaines personnes sans même chercher à les connaître. Or, *en vous sentant libre d'exprimer vos opinions, l'ouverture aux autres ne fait pas peur.* Osez donc rencontrer la vie. Peut-on dire « oui » à la vie si l'on se ferme à ses expériences ?

La libre expression est aussi préférable à l'attitude défensive. Vous avez peut-être peur de perdre la face ou de ternir votre réputation. Par conséquent, il se peut que vous adoptiez une attitude défensive ou accusatrice : « C'est uniquement de leur faute. » En général, cette attitude n'est pas favorable à l'ouverture et à l'harmonie. Enfin, si vous préférez ne rien dire, vous risquez de ressentir de la frustration et de vous fermer encore plus. Dans ces cas, rappelez-vous ceci : « *Quelle que soit la situation, j'explique clairement mon point de vue et les faits, sans attitude défensive ou agressive* ». Vous pouvez ainsi demeurer ouvert et serein.

Rencontrer sa « blessure »

Le fait de voir votre « blessure » peut aussi vous aider à garder le cœur ouvert. Certaines « blessures » sont profondes et enfouies. La douleur prend parfois la forme de la froideur, de l'indifférence ou d'un masque sympathique et amusant. Quel que soit ce masque, osez le voir. Un jour, vous serez surpris de voir tant de larmes couler. Rencontrer sa « blessure », c'est rencontrer Soi.

Habituellement, la façon la plus spontanée de guérir sa « blessure » est l'expression des émotions et de la colère. Mais ceci peut avoir des conséquences fâcheuses qu'il vaut mieux éviter. Il y a des façons plus douces et respectueuses de se guérir. Par exemple, la pratique de l'auto-investigation permet de rencontrer sa « blessure » de la manière la plus douce possible. Lorsque vous rencontrez et observez l'ego, il se dissipe. L'auto-investigation est aussi une auto-guérison.[16]

Pratique de l'auto-investigation

Trouvez qui vous êtes vraiment.
De cet espace, observez la pensée « je » qui vous dérange,
ainsi que les émotions et les sensations dans le corps,
jusqu'à ce que toute résistance cesse.

Par exemple, si vous êtes dérangé par des personnes qui parlent fort autour de vous et que la pensée « Je veux le silence » est dans votre esprit, revenez à la Source. Accueillez cette pensée, vos émotions négatives et les sensations dans votre corps, jusqu'à ce

---

[16] Un bel exemple de cette pratique est donné par Miranda Macpherson, satsang, Tiruvannamalai.

qu'elles se dissipent. Laissez ensuite le Cœur vous guider pour trouver une solution. Prenons un autre exemple. Si des pensées telles que « Je dois passer un examen » ou « Je dois aller à un entretien » vous dérangent, ne cherchez pas à chasser votre peur. Au contraire, ouvrez-vous à elle. Rappelez-vous qu'il est normal de ressentir ce que vous ressentez « ici et maintenant ». Ouvrez-vous aux émotions ressenties dans votre corps (ventre, poitrine, gorge ou dos). Respirez profondément. La respiration aide à traverser toutes les émotions et les résistances. En ne résistant pas à ce qui est présent « ici et maintenant », vous revenez à la Source. Vous pouvez encore appeler cette Source « calme intérieur », « silence » ou « ouverture ». C'est tout simplement *Vous* sans l'interférence de l'ego. C'est votre refuge car rien ne peut affecter cette Présence.

La vie vous montre régulièrement ce à quoi vous résistez. Quels sont vos nœuds ? Qui vous dérange ? Qu'est-ce qui vous dérange ? Quelles sont vos peurs ? Certaines pensées provoquent en vous des émotions négatives, un sentiment de malaise ou d'inconfort. Vous pouvez ressentir une crispation, une sorte de fermeture, une impression soudaine de chaleur ou de froid. Au lieu d'ignorer ou d'éviter ces émotions et ces sensations, rencontrez-les totalement. *En ne résistant pas à ce qui est présent « ici et maintenant » à l'intérieur de votre esprit et de votre corps, vous absorbez votre « blessure ».* De cette façon, vous pouvez vous guérir de toutes sortes de maladies. Croyez en l'auto-guérison.

Jouons à un jeu. Si toutes les personnes que vous rencontriez dans votre vie, pouvaient tout voir de vous, dans vos moindres recoins et jusqu'à vos plus profonds secrets, seriez-vous gêné ? Là où sont vos gênes, l'ego est actif. Il est également actif quand vous avez des peurs irrationnelles et lorsque vous ne pouvez pas être en paix avec quelqu'un. Je vous invite donc à répondre aux questions suivantes afin de mieux identifier votre « blessure » et la guérir.

1. *Quels sont les reproches que l'on vous fait ? Vous dérangent-ils ?*

2. *Que rejetez-vous à votre sujet ? Quelles sont vos gênes ?*

3. *Que rejetez-vous chez les autres ? Qui vous dérange ?*

4. *Que rejetez-vous dans le monde ? Quels sont les personnages politiques, religieux ou historiques qui vous dérangent ?*

5. *Quelles sont vos peurs?*

Pratiquez l'auto-investigation. Trouvez qui vous êtes. De cet espace, observez toutes les pensées et les émotions dérangeantes jusqu'à ce qu'elles se dissipent. Dans votre quotidien, chaque fois que vous ressentez une résistance dans votre esprit ou une contraction dans votre corps, revenez à la Source (l'observateur neutre et ouvert). Ne vous laissez pas emporter par ce qui vous dérange. Observez le contenu de votre esprit, sans le juger, jusqu'à ce que toute résistance cesse.

Voici encore quelques techniques simples de guérison :

Lorsqu'une personne vous dérange vraiment, écrivez-lui une lettre (sans la lui envoyer). Exprimez dans cette lettre tout ce que vous avez sur le cœur, sans retenue, sans chercher à être correct ou poli. Exprimez toutes vos insatisfactions, vos peurs, votre déception, vos divers sentiments, toute votre colère et même votre haine si elle est présente. Par le simple fait d'avoir totalement extériorisé votre « blessure » sur un papier, elle n'est plus imprimée dans votre esprit. La « blessure » perd ainsi le pouvoir de se manifester à l'extérieur. N'y pensez plus par la suite. Observez comment dès les heures ou les jours suivants votre colère a disparu. L'ouverture est à nouveau présente. Par conséquent, patientez et écrivez avant de laisser votre colère s'exprimer.

Pour libérer votre peine, soyez à l'écoute de votre corps. Qu'a-t-il envie de faire ? Veut-il crier, pleurer, se lamenter, s'étirer d'une certaine façon, se secouer et bouger dans tous les sens, sauter ou danser ? Laissez votre corps vous guider. Osez vous lâcher. Exprimez-vous pleinement.

Lorsque des relations ou des situations ne sont pas faciles, imaginez la personne ou la situation qui vous dérange. Respirez profondément en soulevant la poitrine. Respirez dans votre cœur (au centre de la poitrine) jusqu'à ce que vous ne sentiez plus de résistance. Votre cœur est à nouveau ouvert. Pardonnez et oubliez.

Il y a de nombreuses techniques et de nombreux professionnels pour vous aider à guérir votre « blessure » intérieure. Suivez votre intuition.

Toi qui te dresses tous les matins sous le soleil,
Montre-toi son égal, montre-toi son pareil,
Cesse de te cacher,
Cesse de te défendre,
Cesse de te protéger,
Cesse d'ériger des forteresses de connaissances,
Connais simplement qui tu es.
Tu n'as rien d'autre à faire : être vrai.

Connais-toi.
Connais tes ombres.
Connais tes masques.
Connais tes faux-semblants.
Connais tes peurs.
Connais ton orgueil.

Chère clé d'honnêteté,
O! Combien précieuse tu es.
Lorsque plus rien n'est caché sous le soleil,
C'est son éclat qui se révèle.
Il t'inonde de sa grâce et de son pardon.
Cesse de perdre ton temps, cesse de tourner en rond.
La Vérité qui se dévoile effacera toutes les traces. Aie foi.
Car elle est au cœur de toi.

Réveille-toi !

L'amour de la Vérité révèle la vérité de l'Amour.

Chapitre 5 : Réconciliation intérieure

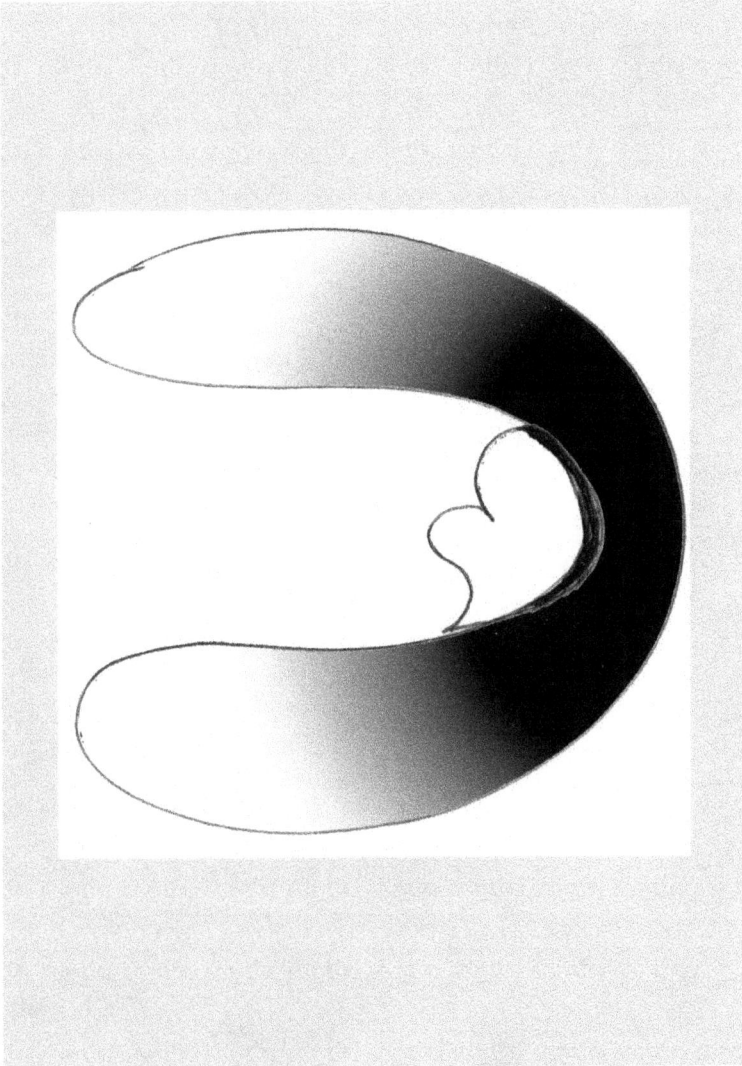

Le diamant dans l'écrin

La spiritualité est paradoxale. Tout est simple et tout peut paraître compliqué. Certaines personnes recommandent de connaître l'ego. D'autres trouvent cela futile car l'ego n'a pas de réalité. Seule la Pure Conscience est réelle. Toutefois, est-il aisé d'être Pure Conscience ou Amour dans la vie quotidienne ?

En vérité, il n'y a pas de problèmes. Pourtant, certains esprits sont encombrés de « problèmes ». Faut-il donc prêter attention à l'ego ou ne le faut-il pas ?

En observant l'ego, il se dissipe. Toutefois, il faut être conscient de l'ego pour cela. Est-il aisé d'être conscient?

Il est également dit que le but est l'absence de but. La véritable paix n'a pas d'attentes. Néanmoins, toute action faite avec une intention sincère porte ses fruits. Que devez-vous donc faire ? Comment trouver la clarté au travers de la brume des paradoxes ?

Le Cœur, tel un diamant, est éternellement pur mais il est dans un écrin (l'esprit). Cet écrin est soit fermé, soit ouvert. Quel est votre cas ?

1) L'écrin est déjà ouvert ou relativement ouvert.
Vous pouvez croire que vous êtes le diamant. Vous êtes réconcilié avec votre ego et vous ne résistez pas à la vérité. En général, les peurs, les désirs égoïstes et la culpabilité ne vous influencent pas. Vous êtes habituellement de bonne humeur et honnête. Votre cœur vous guide. Dans ce cas, il n'est pas nécessaire de connaître vos ombres (l'ego). Un jour, la grâce (la Lumière) les effacera toutes au cœur de vous-même. Rappelez-vous simplement qui vous êtes vraiment. Faites confiance aux réponses naturelles qui jaillissent du cœur de vous-même. Suivez votre voix intérieure. Prenez quand même garde à votre ego subtil. Ne vous prenez pas trop au sérieux. Continuez d'être ouvert à la vérité et vous trouverez la liberté.

2) L'écrin est fermé ou relativement fermé.
Les peurs, les désirs égoïstes et la culpabilité vous influencent.
Il est alors nécessaire de prêter attention à l'écrin (l'esprit) afin
de l'ouvrir. Dans ce cas, l'ego est la clé. Il faut le connaître
pour se réconcilier avec lui. Vous devez être suffisamment
conscient de vos résistances afin de pouvoir maintenir votre
ouverture. Le présent chapitre est à ce sujet d'une grande aide.
Il accélère en quelque sorte les prises de conscience et le
processus de réconciliation intérieure. Lorsque vous êtes
conscient de votre ego et en paix, votre esprit repose sans effort
dans le Cœur.

Les personnes en paix sont généralement ouvertes, spontanées
et joyeuses. Voyez donc à quelle catégorie vous appartenez (écrin
ouvert ou fermé). Devez-vous contourner la forêt des ombres ou
passer au travers (faire les exercices d'auto-investigation répertoriés
dans ce chapitre) ? Si vous faites partie de la deuxième catégorie,
j'aimerais rajouter quelques points supplémentaires. Tout d'abord, ne
vous sentez pas mal d'appartenir à cette catégorie. Rappelez-vous que
l'ego n'est pas vraiment vous. Vous portez tout simplement en vous
un « programme » que vous n'aimez pas. Si vous le souhaitez, vous
pouvez apprendre à ne plus juger ce « programme », afin de vous
libérer de son influence.

Il y a peut-être des aspects de l'ego que vous ne pouvez pas
voir, tout simplement parce que ce n'est pas encore le moment. Vous
ne seriez peut-être pas prêt à intégrer et accepter les conséquences de
certaines prises de conscience. Les saisons, tout comme les individus,
ont leur rythme. Cela n'aurait pas de sens de vouloir faire mûrir les
fruits d'été au printemps. Écoutez votre voix intérieure. En général, je
conseillerais de lire ce chapitre en plusieurs étapes et de faire cette
introspection petit à petit. Nous avons tous des paliers d'intégration et
des stades d'évolution différents. En fonction du degré d'identification
à l'ego, la réconciliation intérieure nécessite plus ou moins de temps.
Il n'y a rien à forcer. En s'ouvrant à la vérité, il est probable que ce

qui est superficiel dans votre vie change. Êtes-vous prêt au changement ? Si vous vous accrochez à vos croyances ou à ce que vous considérez être précieux, s'ouvrir à la vérité peut être difficile. Au contraire, si l'ouverture, le lâcher prise et la confiance prévalent, le changement peut se faire de la manière la plus douce possible.

Certaines personnes ont développé de forts mécanismes de défense et sont encore dans des habitudes mentales teintées de culpabilité et de haine de soi. Dans ce cas, la Lumière (ou la Vérité) fait peur et dérange. Cela est normal. En présence de la lumière, les ombres sont automatiquement éclairées. Tant que vous ressentez de la culpabilité et que vous êtes identifié à l'ego, la vérité fait peur. Si tel est votre cas, respectez votre état intérieur. Ne forcez rien. Attendez que « le feu rouge passe au vert ». Que ressentez-vous intérieurement ? Vous sentez-vous fort et confiant ou avez-vous de nombreuses peurs ? Dans ce dernier cas, je vous conseille de faire d'abord, lentement et attentivement, les exercices d'auto-investigation relatifs aux peurs.[17]

Certaines personnes n'arriveront peut-être pas à se considérer comme de belles personnes du jour au lendemain et à croire que leur véritable nature est Amour. Pourtant, chaque personne est Amour et est digne d'amour. Tournez la page avec le passé. Voyez simplement votre vraie beauté et essayez de ne pas recommencer les mêmes erreurs. Si vous n'y arrivez pas tout de suite, comprenez que cela est naturel. Les bébés n'apprennent à marcher qu'après plusieurs essais. Laissez le temps soigner vos « blessures ». Si votre esprit est ouvert à la guérison, la vie vous aidera car la vie ne fait qu'Un avec vous. Lorsque vous ne pouvez pas croire que votre vraie nature est Amour, commencez par faire de votre mieux pour la paix et l'amour dans votre vie. Mais ne vous forcez pas. Respectez votre voix intérieure. Cela vous permettra rapidement de vous réconcilier avec vous-même. Relevez la tête. Croyez en votre beauté. La vie vous aime.

---

[17] Au début des exercices « Auto-investigation No.1 » et « Auto-investigation No.6 et 7 ».

Certaines personnes pensent au contraire être déjà parfaitement en paix avec elles-mêmes. Est-ce vrai ? Leur apparence paisible ou aimante les trompe peut-être. Afin de vous aider à identifier si l'ego subtil vous influence ou pas, permettez-moi de vous poser les questions suivantes :

Êtes-vous ouvert à tout type de personnes, sans aucun a priori ? Êtes-vous peu critique envers qui que ce soit ? Pouvez-vous accepter de paraître une personne banale, ordinaire et sans grand intérêt ? Pouvez-vous rester seul sans distractions ? Pouvez-vous garder le cœur ouvert alors que vous êtes injustement jugé ? Pouvez-vous accepter de paraître ridicule et d'être ridiculisé ? Suivez-vous votre voix intérieure, indépendamment de l'opinion d'autrui ? Pouvez-vous prendre la vie comme elle vient lorsqu'elle ne correspond pas à vos attentes ? Pouvez-vous vous adapter facilement à n'importe quelle situation ? Pouvez-vous vous taire avec des personnes arrogantes ? Pouvez-vous réagir très fermement lorsqu'il le faut ? Pouvez-vous accepter d'être le perdant ? Pouvez-vous accepter d'être le gagnant ? Pouvez-vous ne laisser aucune peur irrationnelle vous guider ?

Si les réponses à toutes ces questions sont affirmatives, je veux bien croire que la réconciliation est complète. Toutefois, n'oubliez pas que ce qui importe vraiment est la rencontre de la vérité présente. Il n'y a rien d'autre à atteindre. Le Yoga (Union - non-dualité) n'est pas l'accomplissement de la pose parfaite finale. Le Yoga est simplement l'acceptation de soi « ici et maintenant ». Pour cela, l'humilité et l'honnêteté sont suffisantes. S'ouvrir à la vérité est suffisant. Toutefois, nous l'avons vu, cette ouverture nécessite d'avoir un cœur conscient (sensibilité) ou un esprit conscient. Lorsque vous n'êtes pas conscient de votre comportement, il est évident que la vérité vous échappe. Par exemple, si vous ne vous rendez pas compte que votre véhicule gêne l'accès d'un magasin, vous ne pouvez pas comprendre l'irritation légitime du marchand. Si vous pensez être conscient alors que l'ego subtil vous influence, vous vous leurrez vous-même. Comment devenir conscient ?

Afin d'avoir de la clarté, je donne un compte rendu détaillé des pensées « je » dans les pages suivantes. Ces pages aident à se réconcilier avec les différentes facettes de l'ego et à passer les « portes » de la conscience (cinq portes principales).[18] En ce sens, ce chapitre est une initiation. Chaque porte correspond à certaines facettes de l'ego et à une partie du corps.[19] Corps et esprit sont interdépendants. En fonction de votre état d'esprit, l'énergie circule plus ou moins librement dans le corps. Cela a également une influence sur le monde extérieur. Lorsque l'esprit est équilibré, le corps est en bonne santé et la vie est harmonieuse. Ainsi, en identifiant vos « nœuds » (ce à quoi vous résistez mentalement), vous améliorez votre situation personnelle globale. Vous mettez aussi en place les bases pour une ouverture spirituelle plus grande. La clarté est l'outil de transformation.

Si la clarté est importante, la clarté ne doit pas être prise trop au sérieux non plus. Notre vraie destination est le Cœur. Le Cœur est atteint lorsque l'esprit est à la fois léger et respectueux. Soyez sensible. Si votre esprit est clair par exemple, n'imposez pas votre clarté aux autres. Cela pourrait être irrespectueux. Si quelqu'un a un problème physique, n'exprimez pas tout de suite votre opinion sur la cause mentale possible de ce problème. Respectez la sensibilité et les limites d'autrui. Remettez aussi en question vos certitudes. Elles peuvent être fausses en dépit de toute évidence. En d'autres termes, je dirai qu'il est important de ne pas jouer au « psychologue » ou au

---

[18] Ce chapitre décrit seulement cinq portes, correspondant à cinq chakras (centres psycho-physiologiques). Ce sont les fondations indispensables pour l'ouverture de la conscience individuelle à la Conscience Universelle. Les sixième et septième chakras sont traités séparément dans le dernier chapitre de ce livre (chapitre 7).

[19] Chaque partie du corps correspond à un chakra. Les chakras sont des centres énergétiques situés à l'emplacement des glandes endocrines. Ils correspondent à des qualités personnelles (enracinement, sociabilité, etc.). Joy gardner-Gordon, *Pocket guide to Chakras*, Book faith India, Delhi.

« conseiller spirituel ». Ressentez tout simplement la situation et soyez à l'écoute d'autrui sans que votre ego intervienne, au nom de l'amour, de la spiritualité ou de la guérison. Comprenez aussi que, dans certains cas, l'amour n'est pas le bienvenu. Ceci doit être respecté. Laissez votre cœur s'exprimer et non votre ego. Évitez par exemple de dire « Tu devrais être reconnaissant d'avoir un problème car cela te permet de voir quelles sont tes résistances ». Croyez-vous que votre ami ait envie d'entendre cela ? Restons humains, sensibles, ouverts et chaleureux. C'est seulement dans un climat d'amour et de respect que la clarté peut être accueillie.

Si vous décidez de faire les exercices d'auto-investigation suivants, il est important que vous respectiez votre propre rythme. Faites des pauses. Prenez le temps de respirer. Intégrez lentement les pensées qui vous dérangent. En fonction de votre état de conscience et d'intégration, chaque section peut prendre plus ou moins de temps : une heure, un jour, une semaine, un mois ou plusieurs mois. Le processus entier peut même prendre plusieurs années. Vous pouvez vous arrêter pendant un certain temps et ensuite reprendre la pratique. Cela aide vraiment à stabiliser l'état intérieur et à pouvoir observer les changements du comportement dans la vie courante. Au fil de votre lecture et de votre pratique, ressentez quel est le rythme qui vous convient. Prêtez plus d'attention à la porte qui concerne vos faiblesses psychosomatiques. Où avez-vous mal en général ? Où sont vos tensions, vos douleurs physiques ? Quels sont vos problèmes de santé ? Quelle est la partie du corps concernée ? Étant donné que chaque porte correspond à une partie du corps et à certaines qualités personnelles, il est aisé d'identifier la porte qui vous concerne plus particulièrement pour votre pratique.

Je fais intentionnellement usage du « vous » dans les pages suivantes. Mon intention n'est pas de vous montrer du doigt ni de vous accuser. C'est simplement une façon de montrer ce qui vous dérange et les situations dans lesquelles vous êtes identifié à l'ego. Ainsi, chaque fois que vous résistez à la vérité au sujet de votre ego, pratiquez l'auto-investigation : « Qui suis-je ? » Êtes-vous vos pensées, vos sentiments, vos émotions, votre corps ? Tout cela est en vous mais n'est pas vraiment vous. Vous êtes la Présence qui reconnaît tout cela. Lorsque vous trouvez qui vous êtes, vous pouvez observer votre ego avec détachement. La résistance cesse. Lors de la lecture des prochaines pages, identifiez dans les parties en italique les exemples et les pensées « je » qui vous concernent. Dans chaque cas, pratiquez l'auto-investigation jusqu'à ce que toute résistance cesse. De cette façon, vous pouvez enlever les voiles de l'ego tout en douceur.

Pratique de l'auto-investigation

Trouvez qui vous êtes vraiment.
De cet espace, observez la pensée « je » qui vous dérange,
ainsi que les émotions et les sensations dans le corps,
jusqu'à ce que toute résistance cesse.

« Qu'il vous soit donné…
Pour chaque orage, un arc-en-ciel.
Pour chaque larme, un sourire.
Pour chaque attention, une promesse
Et une récompense pour chaque effort.
Pour chaque problème que la vie vous envoie,
Un ami fidèle avec qui le partager.
Pour chaque soupir, une douce chanson
Et une réponse pour chaque prière. »[20]

---

[20] Poème retransmis dans un email par mon ami Annamalai.

La Première Porte

Le chakra Mooladhara
(entre l'anus et les organes génitaux)
Enracinement, relation au corps, relation au monde et aux
affaires pratiques

Auto-investigation No.1 : Acceptation de soi

Le premier chakra est très important. Il est la base de votre pilier intérieur. L'ouverture de ce chakra dépend de l'amour inconditionnel reçu pendant la petite enfance et des impressions laissées par le monde extérieur lors de cette enfance. Ainsi, vos premières expériences de vie ont conditionné votre solidité intérieure et votre estime personnelle. Si vous n'avez pas reçu suffisamment d'amour dans votre enfance ou si vous avez vécu des expériences traumatisantes, il se peut que vous recouriez à certains piliers pour construire votre estime personnelle (le pilier de la réussite professionnelle, le pilier de l'argent, le pilier de la culture, le pilier de l'amour sentimental ou le pilier de la bonne personne).

Êtes-vous dépendant d'un pilier pour votre estime personnelle ? Lequel ? Sans ce pilier, de quoi auriez-vous peur ? N'ayez pas peur des mots définissant votre peur. Ce n'est pas parce que vous nommez votre peur qu'elle se manifestera. Au contraire, la peur nommée se dissipe. La résistance peut éventuellement manifester la peur (loi d'attraction/répulsion[21]) mais la non-résistance est libératrice.

Lorsqu'une peur traverse votre esprit, pratiquez l'auto-investigation. Retrouvez votre Présence intérieure (l'observateur neutre et ouvert). De cet espace, observez votre peur. Répétez intérieurement le nom de votre peur « J'ai peur de » et respirez dans votre ventre jusqu'à ce que la peur se dissipe.

---

[21] Tout est énergie, même les pensées. L'énergie obéit à la loi d'attraction/répulsion. Par conséquent, le mental attire ce qu'il rejette jusqu'à ce que la résistance cesse.

Votre vraie nature (vous en tant que Présence) ne connaît pas l'inquiétude car elle absorbe et dissipe toutes les inquiétudes. Souvenez-vous aussi que cette Présence n'est pas limitée à vous. Elle est au cœur de toute forme. Ainsi, la vie est sacrée et vous protège. Ne vous inquiétez pas. Demeurez paisible et ouvert. Laissez vos décisions, paroles et actions venir de cet espace d'ouverture. Là se trouvent votre refuge et votre liberté.

Si le passé dérange encore votre esprit, voyez et accueillez les pensées et les émotions dérangeantes. Par exemple, si vous n'avez pas été désiré ou aimé en tant qu'enfant, observez le contenu de votre esprit : « J'ai manqué d'amour », « Je n'ai pas été aimé », « Je n'aime pas mes parents » ou « Je leur en veux profondément ». Observez vos sentiments négatifs : « Je ressens de la déception, de la tristesse, de la colère ou de la haine ». Toutes vos pensées et vos émotions sont légitimes. Ne les jugez pas. Ne cherchez pas à les éliminer. Revenez à la Source. Pratiquez l'auto-investigation. De cet espace d'ouverture, observez les pensées et les émotions négatives qui vous dérangent jusqu'à ce qu'elles se dissipent.

Si vous croyez ne pas vous aimer, observez le contenu de votre esprit : « Je ne m'aime pas » ou « Je n'aime pas mon corps ». Revenez à la Source. Observez vos pensées, votre sentiment de gêne ou de rejet jusqu'à ce qu'ils se dissipent. Observez directement que vous, en tant que Présence, ne manquez jamais d'amour et n'avez besoin de rien. La plénitude est votre état naturel. Vous êtes déjà parfaitement serein et aimant. Mais rappelez-vous : pour retrouver cette plénitude dans le quotidien, ne la cherchez pas. Accueillez simplement vos ombres. Par exemple, si votre attitude dans la vie est : « Je veux trouver la paix donc je vais éviter toutes les personnes dérangeantes, la vie de famille et les évènements sociaux », vous risquez d'attendre longtemps avant de trouver véritablement la paix. Au contraire, si votre attitude est : « Je vais naturellement suivre le courant de la vie et faire face à ce que je dois faire face », alors la paix est « ici et maintenant ». *Les choix sont clairs.*

La paix est présente lorsque vous accueillez le moment présent tel qu'il est. La plénitude est tout simplement la satisfaction de l'esprit qui ne prétend rien, n'attend rien et ne recherche rien de spécial. L'esprit est aussi détaché de ce qui est extraordinaire. Ce qui s'élève vers le haut redescend vers le bas. Trouvez donc votre centre et restez là. Ce centre est le Cœur, votre esprit originel : neutre, équilibré, ouvert et pur (non contaminé par les jugements a priori et les inquiétudes). De cette Source, la joie, la compassion et le pardon se manifestent naturellement.

Auto-investigation No.2 : Acceptation de soi

L'identification à l'ego est la raison principale du rejet de soi. De la même façon, l'identification d'autrui à l'ego est la raison principale du rejet d'autrui. Or, lorsque vous pratiquez l'auto-investigation, vous voyez bien que vous n'êtes pas vraiment l'ego et qu'en fait, personne n'est réellement l'ego. La compassion est le fruit de la compréhension. Toutefois, la compréhension que vous n'êtes pas le nuage mais l'espace (la Pure Conscience), ne devrait pas être une excuse pour nier l'existence des nuages. Il est important de les voir. Il est important de vous ouvrir à la vérité au sujet de votre « programme-ego ». Comment pourriez-vous vous ouvrir à votre Être si vous rejetez des aspects de votre ego, même si ceux-ci ne sont pas fondamentalement vrais ? Le petit soi est la porte de Soi.

Lorsque vous ne résistez pas à ce qui est « ici et maintenant », il n'y a pas de dualité. Votre esprit est en paix. Par exemple, vous pouvez reconnaître de manière détachée que le programme « égoïsme » est en vous et qu'il a peut-être affecté certaines personnes. La vérité est la porte du Cœur. La vérité est également la porte de la guérison. En général, la maladie est la manifestation de résistances à la vérité. Par conséquent, en identifiant vos résistances, l'esprit et le corps guérissent. J'offre ici un résumé des tendances de l'ego auxquelles l'esprit résiste généralement le plus. Ce résumé se présente sous forme de questions. Pour chaque question, pratiquez l'auto-investigation jusqu'à ce que toutes les résistances cessent. Procédez selon le modèle suivant :

1. Lisez la question.
Par exemple : "Êtes-vous insensible?"

2. Pratiquez immédiatement l'auto-investigation.
Qui êtes-vous vraiment ? Vous n'êtes pas l'ego mais la Présence qui reconnaît l'ego. Vous êtes l'observateur neutre et

ouvert. De cette base, vous pouvez accueillir la vérité au sujet de votre ego.

3. Accueillez la vérité au sujet de votre ego.
L'insensibilité est-elle en vous ? Quelles sont les conséquences de cette insensibilité ? Accueillez les pensées « je » et les émotions dérangeantes (par exemple : « Je suis insensible » et «J'ai peut-être fait du mal à autrui »). Observez les pensées « je » jusqu'à ce qu'elles se dissipent. Demandez pardon dans votre cœur.

Prenez votre temps. Il y a en tout 27 questions et elles représentent le « fardeau » intérieur, le programme « ego » qui est en chacun de nous le même, de manière plus ou moins active. Répondez, par exemple, à une seule question par jour ou par semaine. Choisissez le rythme qui vous convient le mieux. Ne lisez pas toutes les questions d'un seul coup. Tout en faisant votre pratique, respirez profondément depuis votre ventre jusqu'à la poitrine chaque fois que des pensées ou des émotions vous dérangent. Laissez-les se dissiper. Libérez-vous du fardeau de l'ego.

Liste de questions

1. Êtes-vous égoïste (par exemple : vous ne pensez qu'à vos intérêts personnels)?
2. Êtes-vous insensible (par exemple : vous ne vous rendez pas compte comment vos mots ou votre comportement affectent autrui) ?
3. Êtes-vous indifférent (par exemple : vous manquez d'écoute ou d'attention à l'égard de certaines personnes) ?
4. Êtes-vous vaniteux (par exemple : vous faites l'éloge excessif de votre façon d'être ou de faire) ?
5. Êtes-vous rigide (par exemple : vous ne pouvez pas vous remettre en question) ?

6. Êtes-vous arrogant (par exemple : vous imposez vos opinions, vous présumez que les autres ne savent pas aussi bien que vous et vous vous sentez supérieur) ?

7. Êtes-vous dur (par exemple : vous devenez accusateur ou critique lorsque vous êtes confronté à des résistances) ?

8. Êtes-vous irrespectueux (par exemple : vous ne respectez pas vraiment les personnes différentes de vous) ?

9. Êtes-vous excessivement fier (par exemple : vous ne pouvez pas reconnaître vos erreurs)?

10. Êtes-vous méchant (par exemple : vous culpabilisez ou rabaissez certaines personnes, même subtilement) ?

11. Êtes-vous avide (par exemple : vous voulez « plus et mieux, encore et encore ») ?

12. Êtes-vous ambitieux (par exemple : vous voulez le pouvoir dans le seul but d'avoir le pouvoir, même de manière subtile) ?

13. Êtes-vous dominateur (par exemple : vous voulez tout contrôler) ?

14. Êtes-vous insatisfait (par exemple : vous vous plaignez souvent) ?

15. Êtes-vous malin (par exemple : vous inventez des excuses ou des histoires pour justifier votre comportement) ?

16. Êtes-vous menteur (par exemple : vous préférez mentir plutôt que de faire face à la réalité et assumer vos responsabilités) ?

17. Êtes-vous manipulateur (par exemple : vous jouez avec le cœur des gens, vous abusez de la gentillesse d'autrui ou vous abusez de votre pouvoir)?

18. Êtes-vous intéressé (par exemple : vous offrez un cadeau pour recevoir autre chose en contrepartie) ?

19. Êtes-vous faux (par exemple : vous portez le masque de la bonne personne mais vous critiquez par derrière) ?

20. Êtes-vous corrompu (par exemple : vous vous laissez influencer par des valeurs autres que le bien-être général) ?

21. Êtes-vous confus (par exemple : vous vous sous-estimez, vous êtes maladroit, vous vous accusez à tort ou vous avez de nombreux doutes)?

22. Êtes-vous faible (par exemple : vous avez peur pour votre réputation, vous avez peur de paraître ridicule, inintéressant et ennuyeux ou vous vous souciez trop de l'opinion d'autrui) ?

23. Êtes-vous gêné (par exemple : vous avez peur de déranger les autres, vous ressentez de la honte et de la culpabilité) ?

24. Êtes-vous plaintif (par exemple : vous jouez à la victime) ?

25. Êtes-vous jaloux (par exemple : vous comparez ou vous n'acceptez pas le bonheur et la réussite des autres) ?

26. Êtes-vous avare (par exemple : vous n'aimez pas partager) ?

27. Êtes-vous peureux (par exemple : vous laissez les peurs influencer votre comportement) ?

Et alors ! Si votre ego a telle et telle caractéristique, c'est qu'il y a sûrement beaucoup de raisons pour cela. *Pardonnez-vous.* Faites la paix avec votre esprit. Qui est vraiment responsable de votre ego? Le passé est tout simplement dans vos cellules et vos mémoires. Ce n'est pas de votre faute. Ne vous culpabilisez pas. Ne cherchez pas à éliminer radicalement les tendances de votre ego dans le quotidien. Continuez de les voir et de les accueillir. Acceptez également l'ego d'autrui, tout en conservant bien entendu un comportement naturel (respectueux d'autrui mais aussi de vous-même).

*Voici les quatre tendances principales de l'ego : « **attentes** », « **besoin de prouver votre valeur** », « **besoin de faire des reproches et de critiquer** » et « **peur de perdre** ». Souvenez-vous d'elles. Chaque fois qu'elles traversent votre esprit, observez-les jusqu'à ce qu'elles se dissipent. Ne vous identifiez pas à l'ego. Maintenez votre ouverture.*

Le travail de réconciliation intérieure que vous venez de faire est en fait un résumé des pages suivantes. Il n'appartient donc qu'à vous, maintenant, de décider si vous voulez continuer ou pas la lecture de ce chapitre. Si vous décidez de continuer, ces pages vous permettront d'avoir une conscience plus profonde dans votre vie quotidienne. La conscience est l'outil de transformation. Rien d'autre n'est nécessaire.

Auto-investigation No.3 : Acceptation de soi

Tant que l'identification à l'ego est forte, l'esprit ne peut se détacher de l'ego pour lui faire face. L'ouverture à la vérité n'est pas encore possible. Les mécanismes de défense l'en empêchent. Ainsi, la première chose que certaines personnes rejettent d'elles-mêmes, c'est leur vulnérabilité et leur fragilité.

Si vous avez peur d'être nu et vulnérable, accueillez vos peurs : « J'ai peur d'être totalement ouvert et vulnérable ». Pratiquez l'auto-investigation. Trouvez qui vous êtes vraiment. De cet espace, observez votre peur ainsi que le sentiment de vulnérabilité et de fragilité, jusqu'à ce qu'ils se dissipent. Voyez que votre véritable force est l'acceptation totale de votre vulnérabilité.

Par peur de la vulnérabilité, vous portez peut-être un masque. Nous portons tous plus ou moins un masque. Nous changeons aussi de masque en fonction des situations et des circonstances. Quel est votre masque : la bonne personne, le clown amusant, la personne forte, « cool », sage, courageuse, cultivée, généreuse, travailleuse, aimante, calme, authentique, spirituelle ou même dure et froide ? Pouvez-vous vous réconcilier avec votre masque et l'accueillir ? Pratiquez l'auto-investigation et voyez votre vrai visage. Comprenez aussi que tant que votre masque ne dérange personne, il n'est pas un problème. Amusez-vous.

Dans certains cas, l'identification à un personnage est tellement forte que le fait de le remettre en question serait insupportable. Il n'est pas encore possible de voir les mensonges et le jeu de votre ego. Cela doit être respecté. Le temps soulève alors lentement les voiles.

Est-ce que l'usage du « vous » vous a dérangé dans les pages précédentes ? Lorsque l'on montre votre ego du doigt, cela vous énerve-t-il ? Auquel cas, revenez à la Source. Ouvrez-vous aux sentiments dérangeants jusqu'à ce qu'ils se dissipent.

Quels sentiments éprouvez-vous lorsque vous n'êtes pas apprécié à votre juste valeur, comme la Pure Conscience par exemple ? Éprouvez-vous un sentiment d'injustice ? Éprouvez-vous un sentiment subtil de supériorité? Avez-vous besoin de prouver votre supériorité ? Vous prenez-vous trop au sérieux ? Rappelez-vous : tout ce que vous pensez provient seulement de votre « programme-ego ». Revenez à la Source et restez-y. Accueillez la vérité de votre ego et laissez les nuages se dissiper. Voyez que la Pure Conscience est « Rien », une simple Présence. N'est-ce pas la plus grande des libertés ?

Lorsque la vulnérabilité n'est pas acceptée, vous pouvez devenir agressif, critique ou culpabilisant envers ceux qui osent attaquer votre armure. Vous êtes alors tel le chasseur avec son piège. Vous saisissez tous les signes qui prouvent que vous avez raison. Vous reportez tous les torts sur autrui. Si vous êtes intelligent, cela peut même être très trompeur. Revenez à la Source et accueillez la vérité : « Je mens aux autres et à moi-même ». Laissez vos émotions négatives se dissiper. Ne vous identifiez pas à l'ego.

Auto-investigation No.4 : Acceptation de soi

Il peut aussi y avoir des résistances à la vérité (ou à l'ego) si vous estimez faire partie du « bon » camp. Ainsi, la personne « bien », l'intellectuel, le « cool », le bien-pensant, l'idéaliste, le spirituel peuvent être piégés par leurs valeurs ou leurs connaissances. Par exemple, des personnes politiquement ou spirituellement correctes peuvent interpréter des critiques ou des « jugements » comme la preuve d'un problème. Les critiques ne sont pas toujours des signes de rejet. Elles peuvent être de simples constats. Lorsque vous réagissez rapidement contre ce que vous appelez « des esprits fermés ou critiques », êtes-vous bien certain d'être véritablement ouvert vous-même?

Quelles sont vos valeurs ? Limitent-elles votre ouverture à tout ce qui est différent ? Comment accueillez-vous les critiques ? Critiquez-vous facilement ceux qui ne sont pas comme vous ou qui ne semblent pas suffisamment ouverts, «cool », bons ou purs ? Souvent, sans même vous en rendre compte, vous comparez et êtes jaloux. Pouvez-vous accepter cela ? Pouvez-vous aussi accepter votre manque d'ouverture ? Vous le savez, ces tendances proviennent de votre « programme-ego ». Ne vous sentez pas « mal ». Revenez à la Source et observez vos nuages jusqu'à ce qu'ils se dissipent.

Si vous avez peur d'être vulnérable, il se peut que vous supportiez difficilement la douceur, la gentillesse et la fragilité chez autrui. Vous y voyez peut-être des signes de fausseté ou de faiblesse. Accueillez votre doute. La fausseté et la faiblesse ne sont-elles pas les ombres que vous rejetez à l'intérieur de vous-même ? Sachez qui vous êtes vraiment et accueillez la vérité. Observez vos nuages jusqu'à ce qu'ils se dissipent.

Inversement, si vous ne supportez pas la force de caractère, les comportements fermes et autoritaires, vous pouvez rapidement les juger comme des signes d'agressivité ou de manque d'amour. Soyez simplement conscient que vos jugements peuvent être erronés. Voyez si la colère et le « manque d'amour » ne sont pas des ombres que vous rejetez en vous-même. Observez vos émotions intérieures et retrouvez la paix.

Accueillez tout simplement la vérité au sujet de votre ego. Cela vous aidera à construire votre véritable pilier intérieur et à vivre naturellement, à l'écoute du Cœur.

Dis moi l'ami, sais-tu où est ton bonheur ?
Sais-tu construire ton pilier intérieur, être à l'écoute du Cœur ?
Au fond de toi est un lieu de silence où tu te sens simplement bien,
Un espace loin des bruits vains.

Les vents souffleront.
L'automne et l'hiver t'affecteront,
Mais ce pilier te redressera chaque fois
Et soignera tes peines et tes émois.

Ce pilier intérieur est fait de paix,
Cet espace intérieur ressemble à la liberté,
La paix faite avec sa conscience,
Et la liberté face à toutes dépendances.

Sais-tu de quoi tu as besoin ?
Sais-tu de quoi tu ne peux te passer ?
Et qui sans cesse t'empêche d'être en paix ?
Besoin d'approbation, besoin d'affirmation ?
Besoin de sensations fortes, d'amis et de hordes ?
Besoin de regards admirateurs, de prouver que tu es enchanteur ?
Besoin d'argent auquel tu te raccroches sans ouvrir les mains ?
Besoin de plaire qui joue des tours enfantins ?

Besoin de parader, besoin de prouver ?
Besoin de certains liens dont tu ne peux te détacher ?
Besoin d'être conforme qui freine ton potentiel ?
Besoin d'être aux normes, ami, cela rend superficiel.
Besoin, besoin, besoin……
Tu rends le bonheur conditionnel.
Mais quand ton pilier intérieur se dresse,
Il te sort des détresses,
Il est ta conscience, ta spontanéité,
Il conduit à la paix intérieure, notre refuge pour l'éternité.

Auto-investigation No.5 : Acceptation du monde

Il est difficile face aux limites de la société de consommation, à celles du monde politique, face aux abus et atteintes portés aux femmes, aux enfants, aux exclus ou face au sort infligé à la nature, de ne pas se sentir révolté et émotionnellement « chargé négativement » contre un certain ordre des choses et du monde. Pourtant, cette attitude négative n'apporte pas de solutions et ne fait que rajouter de la misère. Seule la paix intérieure est source de paix extérieure. Il y a une seule solution à long terme pour la paix et la justice dans le monde et c'est la réconciliation intérieure : accepter totalement son ego et le monde tel qu'il est. Une fois que cette réconciliation intérieure a lieu, il suffit d'agir naturellement dans le monde extérieur. Si, par exemple, votre cœur (et non votre tête) vous « parle » pour œuvrer de votre mieux dans un certain sens, alors faites-le, mais ce sera en conscience et en paix avec le monde, pour une certaine cause et non contre un certain ordre. Cette attitude change tout (« Je vais faire de mon mieux pour aider ces gens », « Je vais m'engager de mon mieux pour telle cause », « Je vais faire de mon mieux pour être un consommateur responsable », « Je vais faire de mon mieux pour protéger la nature », « Je vais faire de mon mieux pour protéger les espèces animales », « Je vais faire de mon mieux pour la paix »).

Au contraire, si c'est votre tête qui vous pousse à œuvrer et non votre cœur, ne l'écoutez pas (« Je ne peux plus supporter cette situation », « Il faut que cela change », « Il faut que les responsables soient punis » ou « Il faut donner une bonne leçon à ces gens-là »). Ne prêtez pas d'attention à ces pensées. Trouvez la paix intérieure. Si justice doit être faite, justice sera faite. Ayez confiance en la vie. Et si vous devez personnellement œuvrer pour cette justice, vous le ferez en vous laissant désormais guider par la paix intérieure, et non par la colère. Aussi, si votre cœur ne se sent impliqué dans aucune cause, respectez-le. La paix est au-delà du bien et du mal. Agir à contrecœur n'est jamais source d'harmonie. N'ayez pas peur des moralistes s'ils essayent de vous culpabiliser. Accueillez-les dans votre cœur et soyez conscient de leur jeu. Soyez vrai à l'égard de vous-même. La vérité est la porte.

Imaginez donc le monde et acceptez-le totalement tel qu'il est : avec sa négativité, ses guerres, ses victimes, son injustice et sa pollution. Respirez dans votre cœur jusqu'à ce que vous trouviez la paix intérieure.

Qu'est-ce qui vous dérange dans le monde ? Quel est votre combat ? Quels acteurs politiques, historiques et religieux n'acceptez-vous pas ? Revenez à la Source. De cet espace, observez toutes les pensées qui vous dérangent jusqu'à ce que toute résistance cesse.

En « intégrant » le monde à l'intérieur de vous-même, vous vous guérissez de l'illusion de la séparation. Vous donnez aussi une chance au monde de se guérir de ses maux. Grâce à ces prises de conscience et à l'intégration de soi, nous pouvons cesser les conflits, à la fois intérieurs et extérieurs. Cela fait partie de l'évolution. L'amour, force d'union est toujours plus fort que la désunion. Le monde est destiné à guérir et connaître la paix.

Auto-investigation No.6 : Peurs irrationnelles

Certaines peurs sont naturelles. Elles sont justifiées dans le moment présent. Par exemple, vous vous inquiétez si votre chien aboie pendant la nuit. Au contraire, certaines peurs ne sont pas justifiées. Ce sont des peurs irrationnelles. Elles proviennent de fausses croyances ou de conditionnements. Par exemple, vous ne voulez pas étudier la philosophie par peur de ne pas avoir un bon travail à l'avenir ou alors, vous souhaitez rallier des individus à votre cause pour les « sauver » (cas de certains missionnaires). L'ego est dans ces cas dominant parce que la peur est dominante. Il n'y a pas de confiance en Soi et en l'existence.

Réfléchissez bien à toutes vos peurs. Avez-vous des peurs inhérentes à votre corps, votre santé, les gens que vous aimez, la mort, la sécurité ? Revenez à la Source. Fermez vos yeux. Répétez silencieusement dans votre esprit : « J'ai peur de... » jusqu'à ce que tout sentiment de peur disparaisse. Respirez dans votre ventre. Souvenez-vous que ce n'est pas parce que vous nommez votre peur qu'elle se manifestera. Au contraire, cela vous libère. Dans tous les cas, que vous ayez des peurs ou pas, ne vous inquiétez pas. La vie est sacrée et elle vous protège.

Voici encore quelques exemples de peurs ordinaires : « J'ai peur de ne pas être aimé », « J'ai peur de l'indifférence », « J'ai peur d'être vulnérable », « J'ai peur de ne pas réussir », « J'ai peur de manquer d'argent », « J'ai peur d'être manipulé », « J'ai peur de perdre ». Revenez à la Source. Observez toutes les pensées « je » et vos émotions jusqu'à ce qu'elles se dissipent.

La plus grande des victoires sur les peurs est de ne pas avoir peur de perdre. Lorsque vous pouvez accepter intérieurement d'être le perdant, de quoi avoir peur encore ? Il n'y a pas de conflit intérieur. Vous êtes totalement libre. Quel est votre combat ? Qu'est-ce que vous avez peur de perdre : la face, votre réputation, les choses ou les relations qui sont superficielles dans votre vie ? À quoi vous accrochez-vous ? Revenez à la Source. Traversez vos peurs jusqu'à ce qu'elles se dissipent.

Auto-investigation No.7 : Peurs irrationnelles

Lorsque vous croyez avoir perdu le contact avec votre véritable nature, vous ressentez un manque au fond de vous. Vous pouvez aussi ressentir de l'avidité ou de l'angoisse. Vous recherchez alors à l'extérieur de vous-même ce que vous avez déjà en vous. Rappelez-vous qui vous êtes vraiment. Ayez foi en vous-même et en l'existence. Détendez-vous et la vie vous apportera exactement ce qu'il vous faut (pas toujours ce que vous croyez vous être indispensable). Sachez donc vivre le moment présent et laissez la vie déployer son mystère.

De quoi êtes-vous avide ? Ressentez-vous une avidité incontrôlable à expérimenter, avoir et faire toujours plus de choses (que ce soit lors de voyages, avec vos enfants, vos amis ou au travail)? Est-ce que ce même manque vous rend possessif ? De quoi avez-vous peur ? À quoi ressemble votre angoisse? Pouvez-vous la ressentir totalement à l'intérieur de vous-même? Revenez à la Source. Observez vos nuages jusqu'à ce qu'ils se dissipent.

Il se peut aussi que vous ayez peur d'avoir peur. Dans ce cas, souvenez-vous que ce n'est pas parce que vous avez peur de quelque chose que vous serez automatiquement confronté à votre peur. Il faut que la peur soit récurrente et profonde pour qu'elle se manifeste. Pratiquez simplement l'ouverture et la non-résistance à l'égard des pensées que vous rejetez. Fermez vos yeux et répétez intérieurement : « J'ai peur d'avoir peur », jusqu'à ce que tout sentiment de peur disparaisse. Ne vous inquiétez pas. Lorsque vous faites face à vos peurs intérieurement, elles ne se manifestent pas. Vous stoppez le mécanisme d'attraction et de rejet. Cela vous libère vraiment.

De quoi avoir peur ? N'attachez pas d'importance à vos pensées. Elles sont comme les nuages. Elles apparaissent et disparaissent. Pourquoi s'inquiéter d'un avenir qui n'existe pas encore ? Pourquoi s'accrocher à des peurs issues d'un passé révolu ? Pourquoi avoir excessivement peur de personnes soi-disant « négatives » ? Ce ne sont que des peurs irrationnelles, la non-acceptation de votre ego. Chaque jour est un jour nouveau, une renaissance. Retrouvez votre silence intérieur et voyez que rien ne peut affecter votre vraie nature.

Auto-investigation No.8 : Peurs irrationnelles

Vous pouvez avoir peur de vous-même mais aussi de tout ce qui est différent de vous. Paradoxalement, même chez les personnes dites religieuses ou spirituelles, cette peur peut être présente. Certaines d'entre elles se protègent des gens qu'elles considèrent impurs, négatifs ou tout simplement différents. Or, tant que vous n'êtes pas dans la profondeur de votre cœur, l'ami de « l'intouchable », du juif, du musulman, de l'hindou, du chrétien, du bouddhiste ou du non-spirituel, comment pouvez-vous être l'ami de vous-même ? Comment au nom du Divin, au nom de l'Un, pouvez-vous exclure et rejeter ? Comment au nom de l'amour pouvez-vous agir contre l'amour ? Tant que vous rejetez certaines branches de votre arbre, vous vous coupez de votre sève Divine. Nous cheminons tous vers la contrée du Cœur, et ce Cœur n'est pas exclusif et sectaire.

Faites-vous partie de ceux qui excluent et rejettent au nom de Dieu, de la pureté ou de valeurs humanitaires ? Revenez à la Source et ouvrez-vous à la vérité. Ne vous identifiez pas à l'ego. Observez vos pensées et vos émotions jusqu'à ce qu'elles se dissipent.

Les peurs peuvent également être tenaces à l'égard des possessions matérielles et de l'argent. La sécurité matérielle est un pilier rassurant et certaines personnes y sont excessivement attachées.

Quel rapport avez-vous avec les biens matériels et l'argent : détachement, attrait important, moyen de prouver aux autres votre importance, moyen de prouver votre générosité, moyen de manipuler et d'exercer un pouvoir sur autrui, besoin d'accumuler, difficultés à partager ou à donner, attitude de suspicion à l'égard des comportements généreux, attitude paranoïaque (croyant que l'on veut vous voler ou abuser de vous) ou au contraire, dépensez-vous sans calculer en mettant

*en péril votre propre sécurité ? Pourquoi rejetez-vous l'argent?
Pourquoi au contraire lui donnez-vous tant d'importance ?
Accueillez la vérité et revenez à la Source, votre infaillible
sécurité intérieure.*

L'argent en lui-même n'est pas un problème mais votre attitude par rapport à lui pose peut-être problème. Ne le diabolisez pas. Faites en sorte que rien ne soit tabou. Plus vous serez léger à l'égard de toute chose et moins votre vie sera sous l'emprise de l'attrait et du rejet.

Auto-investigation No.9 : Peurs irrationnelles

Examinons encore un peu certaines peurs qui peuvent vous limiter. Vous pouvez par exemple avoir tendance à remettre à plus tard certaines décisions. Souvent, plus vous attendez et plus la peur ou la résistance s'amplifie. Dépasser vos appréhensions, aller de l'avant vers toutes les nouvelles expériences de la vie est une magnifique opportunité pour apprendre, grandir et s'épanouir. Pourquoi ne pas « plonger » dans ce qui est nouveau tout de suite ? Toutefois, lorsque cela n'est pas possible, sachez aussi ne pas résister à votre résistance ! Ne vous forcez pas.

Observez les peurs ou les pensées qui traversent votre esprit (par exemple : « Je ne suis pas assez bien pour cela » ou « J'ai peur de devoir prouver quelque chose »), jusqu'à ce qu'elles se dissipent.

Il y a également une peur commune qui peut vous faire passer à côté de votre épanouissement, c'est la peur de l'ennui. Un jour, un ami qui visitait une maison totalement ouverte dans les bois eut soudain un étrange sentiment. Cette maison représentait son rêve, son paradis, ce qui le comblerait. Mais une peur prit possession de lui. Et après ? Que se passe-t-il lorsque l'on est comblé ?

La plénitude peut sembler ennuyeuse. En avez-vous peur ? Avez-vous peur que cela vous conduise à l'absence de tout désir et à une vie monotone ? Retrouvez la Source et rencontrez votre peur jusqu'à ce qu'elle se dissipe. Accueillez la plénitude.

Faire face à vous-même peut vous faire peur. Cela peut dérouter et paraître ennuyeux. La structure mentale est tellement habituée au mouvement que lorsque le mouvement s'arrête, parce que vous vous rapprochez de ce qui vous comble, vous pouvez faire marche arrière de peur de vous ennuyer ou de devenir inintéressant.

Pouvez-vous faire face à votre ennui ? Pouvez-vous accepter l'ennui ? Celui qui accepte l'ennui ne s'ennuie jamais. Pouvez-vous accepter de paraître ennuyeux, inintéressant ou ordinaire ? Ces peurs montrent comment en fait, vous vous fuyez vous-même. Avez-vous peur de vous-même ? Pratiquez l'auto-investigation. Retrouvez votre paix intérieure et laissez-la vous guider.

Lorsque les peurs disparaissent, l'ego n'est plus « le conducteur de votre véhicule ». Votre vraie nature prend les commandes. Le tournesol se tourne vers le soleil…Le changement n'est pourtant qu'une apparence sur le fil de la continuité.

La Deuxième Porte

Le chakra Swadhisthana
(entre les organes génitaux et le nombril)
Sociabilité, amitié, désirs et sexualité

Auto-investigation No.10 : Acceptation d'autrui

Tant que vous n'êtes pas réconcilié avec votre ego, autrui est souvent le miroir de ce que vous rejetez. Vous projetez alors sur les autres, les ombres que vous n'acceptez pas en vous-même. Voici quelques « projections » courantes :

Par exemple, si vous projetez sur quelqu'un qui s'affirme un manque d'humilité, vous refoulez peut-être votre orgueil ou vous n'arrivez pas à affirmer pleinement vos qualités. Si vous n'acceptez pas les gens « inintéressants et ordinaires », votre propre banalité est peut-être inacceptable. Si vous n'acceptez pas d'être critiqué, vous éprouvez peut-être le besoin d'être reconnu et vous doutez de vous. Si vous n'acceptez pas vos faiblesses ou vos erreurs, vous rejetez sûrement celles des autres. Si vous ne vous aimez pas vraiment, vous pouvez être arrogant et agressif. Vous projetez alors souvent vos ombres sur les autres. L'absence d'amour de soi s'exprime généralement sous la forme de critiques injustes. Si vous reconnaissez cette tendance en vous, ne vous sentez pas mal. Cela provient seulement de votre « programme-ego ». Soyez simplement conscient de votre tendance à juger. Ne croyez pas systématiquement votre « tête ». Ne croyez pas non plus les jugements des autres. Ils sont peut-être vrais. Ils sont peut-être faux. L'ego aime critiquer. Observez cette tendance en vous. Revenez à la Source et accueillez vos ombres jusqu'à ce qu'elles se dissipent.

Les projections sont toutes personnelles et différentes. Le reflet dans le miroir n'est jamais absolument symétrique. Si vous ne supportez pas les gens arrogants, cela ne veut pas obligatoirement dire que votre ego est arrogant. Vous manquez peut-être simplement de confiance en vous. Soyez donc prudent à l'égard de toutes vos conclusions. Revenez à la Source. Observez le contenu de votre esprit sans le juger, jusqu'à ce que vos nuages se dissipent. Par ailleurs, ne croyez pas que toutes vos pensées sont le fruit de projections et de fausses croyances. Vous êtes peut-être très innocent. Dans ce cas, l'ego ne vous influence pas. Votre cœur ne rejette personne et vous n'avez pas de « mauvaises » pensées. Vous êtes généralement détaché de vos perceptions (de ce que vous voyez, entendez et pensez). Votre comportement et vos pensées sont naturels. Vous êtes ouvert mais vous respectez aussi votre personne et pouvez vous défendre si c'est nécessaire. À cause de cela, vous doutez peut-être de votre innocence. Chaque fois que le doute traverse votre esprit, revenez à la Source. Soyez conscient de votre nuage jusqu'à ce qu'il se dissipe. Faites confiance à votre spontanéité et aux réponses naturelles qui jaillissent de vous.

Comme nous l'avons vu auparavant, « accepter autrui » ne doit pas vous enfermer dans une conception idéaliste de la spiritualité ou de l'amour. Le « oui » intérieur n'est pas une entrave au « non » extérieur. Restez naturel. Observez comment les parents agissent avec leurs enfants. Les parents fixent des limites, expriment leur désaccord et même leur colère lorsque c'est nécessaire. Mais cela ne les empêche pas de comprendre leurs enfants et de les accepter inconditionnellement. Lorsque vous ne savez pas comment vous comporter avec quelqu'un, imaginez que cette personne est votre enfant (ou une personne très proche). Que feriez-vous ou que diriez-vous ? Les réponses sont très simples. Certaines personnes ont tendance à accepter tout ce qui leur arrive dans la vie car c'est « la volonté de Dieu ». Toutefois, ne croyez-vous pas que la volonté Divine cherche à vous libérer de vos peurs et de votre culpabilité ? Ne vous forcez pas dans des faux « bons comportements ». Le respect de soi est une autre façon de respecter autrui.

Lorsque vous êtes piégé dans des faux « bons comportements »,
revenez à la Source. Observez vos peurs et votre culpabilité
jusqu'à ce qu'elles se dissipent. Retrouvez le silence intérieur et
la liberté d'être vous-même.

Naturellement, nous avons plus ou moins d'affinités entre nous. Nous nous comprenons aussi plus ou moins bien. Lorsque le courant ne passe pas avec certaines personnes, faites simplement ce qui vous semble naturel (par exemple, demandez des explications, exprimez votre désaccord ou détachez-vous gentiment). Respectez votre voix intérieure. Cela apporte la paix à tout le monde. Dans certains cas, dire « non » n'est pas un signe de rejet. C'est un signe de respect de soi. Par contre, certains « non » ne sont pas naturels. Si vous éprouvez le rejet d'une personne pour la seule raison qu'elle fait partie d'un groupe que vous n'aimez pas, ceci n'est pas naturel.

Avez-vous des préjugés systématiques à l'égard de personnes qui appartiennent à un groupe particulier, une religion, un parti politique ou un pays particulier ? Si tel est le cas, revenez à la Source. Voyez quelles sont vos peurs et observez-les jusqu'à ce qu'elles se dissipent. Retrouvez votre ouverture et laissez cette ouverture être la source de votre expression et de votre comportement.

Auto-investigation No.11 : Désirs et attentes

Précisons d'abord qu'avoir des désirs et des besoins est naturel, tant que cela n'entrave pas l'harmonie. Toutefois, les désirs peuvent aussi donner lieu à des attentes, des insatisfactions et des tensions avec autrui. Les gens heureux ont naturellement des désirs et des préférences mais ils n'ont pas d'attentes. Si leurs désirs sont satisfaits, tant mieux. S'ils ne le sont pas, tant pis. Cela n'a pas trop d'importance. Ils peuvent être temporairement déçus, tristes ou même en colère mais la joie de vivre est vite retrouvée. Au contraire, lorsque le bonheur dépend strictement de la satisfaction des désirs, il ne peut jamais être trouvé. Dans ce cas, prenez conscience de votre « *mental-besoin* ». Il perdra alors toute son influence.

Le « mental besoin » fait souvent des reproches aux autres ou à la société lorsque ses attentes ne sont pas satisfaites. Si vous avez cette tendance, observez-la dans votre vie. Chaque fois que le nuage « reproche » traverse votre esprit, accueillez-le jusqu'à ce qu'il se dissipe.

Les attentes sont sources d'insatisfaction. La pensée « Je veux ceci de cette façon » conduit souvent à des tensions (par exemple : « Je veux le silence maintenant », « Je veux être servi rapidement » ou « Je veux être écouté »). Si votre nuage « Je veux ceci de cette façon » est chargé d'attentes, d'impatience et d'énervement, observez-le jusqu'à ce qu'il se dissipe. Retrouvez votre paix intérieure et agissez à partir de là. Laissez vos décisions et vos mots venir de cet espace d'ouverture. Vos relations vont s'améliorer. Par exemple, vous allez demander beaucoup plus gentiment d'être servi rapidement. L'agressivité va disparaître.

Le « besoin de prouver » peut aussi conduire à des déceptions. Avez-vous cette tendance ? Si cela est le cas, qu'avez-vous besoin de prouver : réussite, force, intelligence, amour ou honnêteté ? Chaque fois que le « besoin de prouver » traverse votre esprit, saisissez-le et revenez à la Source. Ayez confiance en vous-même et en l'existence. Votre vraie nature est déjà merveilleuse. Vous n'avez pas à le prouver.

Auto-investigation No.12 : Désirs et attentes

Certaines personnes ressentent le besoin de changer de vie. Si tel est votre cas, vous avez sûrement de bonnes raisons pour désirer ce changement. Toutefois, avant de prendre des décisions, permettez-moi de vous poser les questions suivantes :

Croyez-vous vraiment que vous serez plus heureux demain si vous changez de partenaire ou de travail, si vous avez plus d'argent et si vous déménagez dans une autre maison ?

N'avez-vous pas encore remarqué qu'après l'excitation de toute nouvelle expérience, les mêmes « problèmes » reviennent ? Ne serait-il pas plus raisonnable d'oser vous regarder en face ? Les « problèmes » sont dans votre esprit. S'ils ne sont pas résolus là, ils continueront de se manifester dans votre vie.

Par exemple, en voulant « toujours mieux et toujours plus » ou en reportant à plus tard des moments importants, vous pouvez passer à côté du bonheur simple, celui d'apprécier la vie telle qu'elle est « ici et maintenant ».

Qu'est-ce qui vous empêche d'accueillir le moment présent, tel qu'il est ? Lorsque le nuage « résistance » traverse votre esprit, accueillez-le jusqu'à ce qu'il se dissipe. Ouvrez-vous à l'instant présent et au flot de la vie. Lâchez prise.

Il est possible que votre désir de changement de vie soit sincère et nécessaire. Dans ce cas, de quel changement avez-vous réellement besoin ? Que devez-vous faire pour mettre en place ce changement de façon harmonieuse ?

Qu'est-ce qui vous empêche d'initier ce changement ? Quels sont les désirs ou les attentes qui vous freinent ? Quels sont les

*obstacles que vous devez dépasser ? Voyez les pensées qui vous
limitent jusqu'à ce qu'elles se dissipent.*

*Laissez votre sensibilité intérieure vous guider afin de mettre en
place ce changement de la manière la plus harmonieuse
possible.*

Plus vous rétablissez le contact avec votre silence intérieur et
plus les réponses sont claires. Les besoins et les attentes sont aussi
perçus différemment. Ils n'ont en réalité qu'une importance relative.
Le bonheur est déjà là, tout au fond de vous. Sachez donc vous
abreuver à votre propre Source. Ainsi, chaque fois que vous passez
des moments difficiles et insatisfaisants, sachez prendre du temps pour
vous. Ressourcez-vous. Méditez, allez marcher dans la nature ou
restez seul un moment. Retrouvez votre silence intérieur et laissez-le
vous guider.

Auto-investigation No.13 : Souplesse d'esprit

Le bonheur est fait de peu d'attentes et de beaucoup de souplesse. Qu'en est-il de votre situation personnelle ?

Si vous avez tendance à avoir des contractions mentales ou physiques, vous manquez peut-être de flexibilité. Dans le quotidien, chaque fois que vous ressentez ces contractions, soyez en conscient et détendez-vous. Retrouvez votre ouverture. Par exemple, chaque fois que vous ressentez un « nœud » intérieur qui vous empêche de suivre le courant, de vous adapter à de nouvelles situations ou d'être ouvert à différentes opinions, observez ce nœud jusqu'à ce qu'il se dissipe. Laissez-vous porter par le flot de la vie. Savez-vous ce qu'est ce « nœud » ? Est-ce la peur des autres, la peur de perdre le contrôle, la peur de révéler votre masque, la peur de la vulnérabilité ou la peur d'avoir tort et d'être démuni ? Rappelez-vous qui vous êtes vraiment. Votre vraie nature est déjà parfaite. Le reste n'est qu'un film sur l'écran. N'ayez pas peur de votre ego. Faites-lui paisiblement face jusqu'à ce qu'il disparaisse.

Si vous ressentez parfois de l'intransigeance et de la rigidité, prenez-en conscience et lâchez prise. Vous attachez peut-être trop d'importance à votre personne, votre mode de vie et vos valeurs. Par exemple, si vous vivez de manière très saine, vous pouvez ne pas vouloir la compagnie de quelqu'un qui boit de la bière, et vice versa. Pourquoi attacher tant d'importance à cela ? Dans tous les cas, votre véritable nature ne peut être affectée. Par conséquent, un peu d'imperfections de ci, de là, n'est pas si grave, ne trouvez-vous pas ?

Pouvez-vous accepter que les autres soient différents ? Pouvez-vous accepter que les autres fassent des erreurs et que leur ego soit imparfait ? Pouvez-vous également accepter l'imperfection de votre propre ego ? Revenez à la Source. Observez vos « nuages » jusqu'à ce qu'ils se dissipent. Comment est votre esprit maintenant ? Il est ouvert et il peut accepter les différences et les imperfections dans les façons de penser, de s'exprimer, de faire et d'être. Cet esprit est vraiment vous. L'acceptation des imperfections est la véritable perfection. Maintenez votre ouverture dans le quotidien.

Auto-investigation No.14 : Souplesse d'esprit

Vous avez peut-être expérimenté dans le passé des situations « explosives ». Rappelez-vous bien quelles étaient ces situations afin de les intégrer totalement et d'empêcher qu'elles se manifestent à nouveau.

Réfléchissez bien attentivement à tous vos boutons détonateurs. Désactivez-les. Qu'est-ce que vous ne pouvez pas « supporter » ? Revenez à la Source. Observez tous vos nuages « situation insupportable » jusqu'à ce qu'ils se dissipent. Maintenez votre paix intérieure.

Si vous ressentez parfois les émotions négatives suivantes : injustice, frustration, déception, colère ou haine, revenez à la Source. Observez-les jusqu'à ce qu'elles se dissipent. Maintenez votre paix intérieure. Souvenez-vous que la paix intérieure n'est pas l'élimination des émotions (« Je dois me débarrasser de mes émotions »). La paix intérieure est présente lorsque vous pouvez accueillir vos émotions. Elles se dissipent alors tout naturellement. Ne chassez pas l'ego. Acceptez-le tel qu'il est, ici et maintenant. C'est le plus sûr moyen de ne pas subir son influence.

Au sujet de la colère, il y a une anecdote indienne relatant l'histoire d'un serpent qui va voir un sage en lui demandant comment faire pour vivre heureux. Le sage lui conseille d'arrêter de mordre. Le serpent met les conseils du sage en pratique mais revient le voir peu de temps après, blessé. Plus personne n'a peur de lui. On lui lance en permanence des pierres. Le sage lui répond qu'il ne faut pas non plus être soumis. « Fais-leur peur. Fais du bruit avec ta langue mais ne les mords pas pour autant. Ainsi, ils te respecteront et tu seras heureux».

Comment exprimez-vous votre colère ? Avez-vous besoin d'attaquer ou pouvez-vous exprimer votre souffrance sans être blessant et sans faire des reproches ? Revenez à la Source et prenez conscience de votre nuage « besoin d'attaquer » jusqu'à ce qu'il se dissipe.

Est-ce que le « tu » peut remplacer le « je » lorsque vous exprimez votre colère ? Par exemple : « Tu es énervant » devient « Je ressens de la colère ou de la tristesse lorsque tu… ». Lorsqu'il n'y a pas d'attaque et de jugement direct, les désaccords prennent fin plus rapidement.

La colère a parfois besoin d'être exprimée vivement et elle peut prendre la forme du jugement. L'expression libre est saine lorsqu'elle provient de la Source. Cela est parfois le cas de la colère des parents à l'égard de leurs enfants. Ces colères n'ont évidemment pas pour but de « faire mal » mais de vraiment faire comprendre quelque chose (après que les autres moyens aient échoué). Soyez naturel et n'ayez pas peur de vous exprimer librement.

Il existe aussi une technique saine d'expression de la colère et des désaccords. Chaque partie, chacune à son tour exprime totalement ses reproches ou sa colère, sans être interrompue. Rien n'est plus sain que de vider totalement votre sac et de vous sentir écouté. Il est également agréable de vous apercevoir qu'à votre tour, vous pouvez écouter la colère d'autrui sans interférer.

Pouvez-vous écouter les reproches ou la colère de quelqu'un sans interférer ? Lorsque le désir d'interférer traverse votre esprit, observez-le jusqu'à ce qu'il disparaisse. Maintenez votre ouverture, même lors d'une colère.

Parfois, les tentatives pour s'entendre avec certains individus ne servent à rien. Certaines personnes ne se correspondent pas. Certaines façons de penser et de vivre concordent et d'autres pas. Il vaut mieux prendre conscience de cela le plus rapidement possible afin d'éviter des malentendus ou des disputes inutiles. Sans juger ces personnes, prenez gentiment de la distance. La paix et l'harmonie peuvent ainsi être préservées.

Auto-investigation No.15 : Sexualité

La sexualité est un domaine où la plupart des religions ont une position moraliste et rejettent la notion de plaisir mais aussi l'homosexualité, la masturbation et la liberté sexuelle. C'est également un domaine où après des siècles de moralisme, il peut être difficile de vous regarder en face sans aucune gêne. En vérité, rien n'est condamnable, tant que cela se fait de plein gré avec votre partenaire et sans nuire à celui-ci et à vous-même.

Si vous avez des tabous et des gênes dans le domaine sexuel, quels sont-ils ? Revenez à la Source. Observez les pensées « Je suis gêné », « J'ai honte » ou « Je suis perturbé par » jusqu'à ce qu'elles se dissipent. Vous êtes maintenant détaché de vos « nuages » sexuels. Ils n'ont de ce fait plus d'influence sur vous.

La Pure Conscience inclut tout ce qui est. Lorsque vous intégrez votre Être sexuel, vous n'êtes pas dérangé par quelques pensées sexuelles que ce soit. Les « nuages » passent et disparaissent. Si vous avez des désirs qui peuvent nuire aux autres, il faut juste les voir et les accepter, jusqu'à ce qu'ils se dissipent. Ne laissez pas de tels désirs se manifester dans votre vie ; mais comprenez qu'ils ont le droit d'être présents dans votre esprit et qu'il y a aussi sûrement beaucoup de raisons qu'il en soit ainsi. Vous n'êtes pas responsable. L'ego n'est qu'un programme en vous. Ne vous identifiez pas à lui et ne jugez pas votre esprit. De cette façon, il ne peut vous contrôler.

Que considérez-vous « mal », « malsain » ou « anormal » : certains comportements sexuels, la nudité, les tenues excentriques, l'amitié entre hommes et femmes dans certaines cultures? Revenez à la Source. Observez ce à quoi vous résistez jusqu'à ce que toute résistance cesse. Maintenez l'esprit ouvert.

Comprenez bien que tant que vous rejetez quelque chose, cela a une influence sur votre esprit. Par exemple, l'esprit à qui l'on interdit de regarder une belle rose ne pourra pas s'empêcher d'en rêver la nuit et d'y penser régulièrement. Au contraire, l'esprit sain qui voit une belle rose regarde sa beauté et ne s'accroche pas à elle. Afin que l'esprit ne soit pas influencé par les désirs, certaines personnes ont besoin d'ouvrir « la porte des désirs ». C'est une façon de les dépasser. Toutefois, il faut pouvoir, à un certain moment, refermer cette porte afin de retrouver le Cœur. Expérimentez aussi respectueusement que possible ce que vous avez besoin de vivre et ensuite, retrouvez le Cœur. Ne laissez pas les désirs vous entraîner vers la faiblesse, les désillusions et l'égoïsme. En ayant vécu ce que vous aviez besoin de vivre et en trouvant également la force de vous libérer du mental, vous retrouvez la vraie liberté du cœur et réalisez la réalité de l'amour véritable.

Moins un individu est conditionné par les notions de « bien » et de « mal » et plus son esprit et son comportement sont sains. L'esprit n'est pas piégé par la dynamique attraction/rejet. La sexualité est alors naturelle. Vous êtes simplement vous-même et vous laissez l'amour et le naturel vous guider.

Votre sexualité s'exprime-t-elle librement ? Si ce n'est pas le cas, qu'est-ce qui vous empêche de vous détendre et d'exprimer votre nature librement : des peurs, la gêne, le « but » ou le besoin de prouver ? Accueillez vos « nuages » sans leur résister et retrouvez votre détente intérieure. Laissez l'amour et le naturel vous guider.

Chacun est à un certain stade de développement sexuel. Chaque stade doit être respecté, qu'il soit réprimé, égoïste, provocateur, rebelle ou intégré. Accueillez l'ego tel qu'il est. C'est le meilleur moyen de le dépasser.

La Troisième Porte

Le chakra Manipura
(au niveau de l'ombilic)
Estime de soi et expression de son potentiel

Auto-investigation No.16 : Estime de soi et identifications

En fonction de votre estime personnelle, vous arrivez à exprimer votre potentiel ou au contraire, vous le limitez.

Si le manque d'estime personnelle vous empêche d'exprimer votre potentiel, ouvrez-vous à votre sentiment d'infériorité « Je ne suis pas assez bien pour cela » jusqu'à ce qu'il se dissipe. Sentez-vous libre d'être vous-même.

Observez comment le sentiment d'infériorité ou la peur de ne pas être « assez bien », proviennent souvent du fait de ne pas respecter votre véritable nature. Si vous jouez un rôle qui ne vous correspond pas, vous pouvez ne pas vous sentir « bien » ou à l'aise. Cela est normal. Respectez votre nature. Ne vous sentez pas obligé de faire ce qui vous met mal à l'aise. Voyez alors comment, immédiatement, vos peurs et votre sentiment d'infériorité disparaissent. Ne laissez pas non plus les autres vous forcer dans un rôle qui n'est pas le vôtre. Si les nuages « besoin de prouver » ou « peur de devoir prouver » traversent votre esprit, observez-les jusqu'à ce qu'ils se dissipent. Laissez les décisions venir de la Source. Suivez votre voix intérieure.

Observez aussi comment certaines identifications peuvent vous limiter. Par exemple, si vous vous identifiez au « mauvais peintre », cela peut vous empêcher d'exprimer votre façon personnelle de peindre. Si vous aimez la peinture, laissez-vous guider par votre intuition. Si vous êtes identifié au « Professeur », vous pouvez vous fermer à l'enseignement des autres. N'avons-nous pas toujours quelque chose à apprendre ? Observez vos « nuages » : « identification négative » ou « identification stricte » jusqu'à ce qu'ils se dissipent.

Lorsque l'identification est forte, il peut y avoir comparaison et inquiétude. Si par exemple, vous vous identifiez fortement à un aubergiste et que la plupart des gens vont dans l'auberge d'à côté, cela peut vous déranger. Vous pouvez comparer, rivaliser et prendre les événements de la vie de manière personnelle. Quoi que vous fassiez dans la vie, faites-le de votre mieux et ensuite lâchez prise. Si vous échouez, cela a aussi du sens. Cela peut vous aider à vous détacher de ce à quoi vous vous accrochez, à être plus patient ou à vous orienter vers une voie plus adaptée à votre nature. En vérité, il n'y a pas d'échec car l'échec a aussi son utilité. Vous pouvez même remercier les personnes qui ont participé à vos échecs car en fait, elles vous aident à trouver votre voie.

Chaque identification est une limitation. Elle ferme le champ d'expression personnelle. Elle peut aussi limiter celui d'autrui. Si par exemple, vous vous identifiez strictement au boulanger, vous pensez peut-être qu'apprendre le piano n'est pas de votre ressort. De ce fait, le pianiste peut aussi manquer l'opportunité d'apprendre à faire du bon pain. Lorsque l'identification est forte il peut y avoir comparaison et jugement. Cela est aussi un frein au développement personnel et au respect d'autrui.

Comment réagissez-vous en fonction de vos identifications ? Si vous êtes identifié à la personne « forte », comment jugez-vous les « faibles » ? Si vous êtes identifié au « pur », comment jugez-vous les « impurs » ? Si vous êtes identifié à la personne intelligente, cultivée ou supérieure, comment jugez-vous ceux que vous croyez « inférieurs » ? Observez chaque « identification stricte » comme un nuage dans le ciel de la conscience, jusqu'à ce qu'il se dissipe. Revenez à un espace de liberté et d'ouverture.

Sans jugement sur le rôle et la position des uns et des autres, nous sommes libres d'être nous-mêmes. Regardez la vie comme une pièce de théâtre. *Vous êtes en fait le seul acteur à plusieurs visages.* Qui devez-vous donc prendre au sérieux ? Soyez simplement en harmonie avec votre nature : qu'elle soit artistique, intellectuelle, sportive, manuelle, contemplative, extravertie ou introvertie. Sentez-vous libre. Écoutez votre voix intérieure. La vie peut alors vous soutenir de manière optimale dans l'accomplissement de votre véritable nature.

Auto-investigation No.17 : Expression du potentiel personnel

Voici encore quelques « nuages » qui peuvent limiter l'expression de votre potentiel :

Aimez-vous contrôler ? Pouvez-vous accepter de perdre le contrôle ? Revenez à la Source. Observez votre nuage « besoin de contrôle » jusqu'à ce qu'il se dissipe. Faites confiance aux autres.

Avez-vous recours aux critiques par peur d'être critiqué vous-même ? En quoi cela vous limite-t-il ? Revenez à la Source. Voyez votre nuage « besoin de critiquer » jusqu'à ce qu'il se dissipe. Maintenez un espace de respect mutuel.

Êtes-vous trop sûr de vous ? Cela peut se manifester par une joie excessive. Cela peut aussi résulter en un manque de sensibilité et d'ouverture. Voyez comment le fait d'être trop sûr de vous peut aussi vous empêcher de vous ouvrir à d'autres expériences et opportunités qui vous conviennent mieux ? Revenez à la Source. Observez votre nuage « manque d'ouverture » jusqu'à ce qu'il se dissipe.

Êtes-vous « en réaction » contre certains mots ou comportements ? Si vous avez souffert d'un contrôle trop important dans le passé, vous avez sûrement tendance à fuir tout ce qui semble limiter votre liberté, votre pouvoir de décision ou votre indépendance. Ces réactions freinent votre potentiel. Elles peuvent vous empêcher de trouver le domaine d'expression qui vous correspond. Agissez-vous en réaction ? Revenez à la Source. Voyez votre nuage « réaction » jusqu'à ce qu'il se dissipe. Laissez les décisions venir d'un espace d'écoute et d'ouverture.

Vous souciez-vous du regard des autres ? Avez-vous besoin de conformité ? Avez-vous besoin de reconnaissance ? Avez-vous peur de l'échec, de prendre des risques et des critiques ? Revenez à la Source. Observez votre nuage « peur de l'opinion d'autrui » jusqu'à ce qu'il se dissipe.

Auto-investigation No.18 : Expression du potentiel personnel

Les peurs sont « normales » pour la personne qui ne croit pas au caractère sacré de l'existence. Elles disparaissent lorsque la confiance est à nouveau présente. Quelles que soient les difficultés rencontrées en chemin, l'optimisme et la confiance ouvrent toujours les portes. Ne baissez pas les bras, surtout dans la dernière ligne droite. Rappelez-vous que le soleil est toujours présent, même derrière les nuages les plus sombres. Retrouvez votre silence intérieur et laissez votre vraie nature s'exprimer librement.

Votre vraie nature peut être ordinaire. Pouvez-vous l'accepter ? Revenez à la Source et soyez vous-même.

Votre vraie nature peut être spéciale ou extraordinaire. Osez-vous la dévoiler ? Revenez à la Source et exprimez-vous librement.

Écoutez-vous votre voix intérieure ? Que dit-elle ? Qu'est-ce qui vous intéresse, vous touche, vous motive ou vous fait rêver ? Votre nature a forcément quelque chose à exprimer. Cela peut être simple, ordinaire ou extraordinaire mais c'est en tout cas présent tout au fond de vous. Pouvez-vous renouer le contact avec votre vraie nature afin de vous épanouir et de ressentir beaucoup de joie ?

Lorsque vous suivez votre voix intérieure et que vous trouvez ce qui vous correspond, vous ne ressentez pas le besoin de comparer. Il y a une certitude intérieure. Même si les autres semblent faire « mieux » que vous, cela ne vous dérange pas car vous savez que vous faites ce qui est vrai et juste pour vous. À ce stade, aucun élément extérieur ne peut vous détourner de votre chemin.

Pouvez-vous dépasser la recherche du « mieux » et du « parfait » pour ne rechercher que l'expression de ce qui est vrai pour vous ? Si vous avez tendance à imiter les autres ou à rechercher la perfection, voyez quelles sont vos peurs. Revenez à la Source et observez ces peurs jusqu'à ce qu'elles se dissipent.

Soyez simplement vous-même et ne comparez pas. Il y a un temps pour tout : un temps pour apprendre et un temps pour désapprendre, un temps pour penser à vous et un temps pour penser aux autres, un temps pour travailler et un temps pour vous reposer, un temps pour développer votre potentiel et un temps pour l'exprimer. Nous faisons tous partie d'une même maison et nous y jouons tout simplement des rôles différents. Si tout le monde devenait artiste, nos ventres seraient affamés. Si tout le monde dessinait le même tableau, la vie aurait beaucoup moins d'attrait. Les cuisiniers sont aussi nécessaires que les commerçants et les philosophes. Que chaque cuisinier puisse exprimer sa particularité. Que chacun de nous puisse exprimer ses couleurs sans chercher à savoir si elles sont plus ou moins belles que les autres. Par ailleurs, quelle que soit votre apparence (le costume que vous portez ou le rôle que vous jouez), sentez-vous libre. La vie n'est-elle pas un jeu où rien ne devrait être pris trop au sérieux, ni la nudité, ni les apparences ? Si le superficiel est aujourd'hui l'expression de vous-même, amusez-vous de lui ! Riez avec vos masques. De la même manière, si vous pouvez enlever vos masques et être authentique, ne prenez pas trop au sérieux votre visage originel non plus !

Auto-investigation No.19 : Épanouissement personnel

À tout âge, tant que vous êtes heureux et confiant, vous êtes directement connecté à votre vraie nature. De ce fait, vous savez spontanément ce que vous devez dire ou faire. Vous êtes aussi directement connecté à l'existence. Ainsi, la vie vous montre la voie. Vous n'êtes pas seul. L'amour divin est en toute forme. L'existence est votre Mère éternelle.

Avez-vous confiance en l'existence ? Pouvez-vous faire de votre mieux pour vous exprimer librement et laisser ensuite l'existence vous guider vers le plein épanouissement de vous-même ? Si vous ne le pouvez pas, revenez à la Source et observez votre nuage « manque de confiance » jusqu'à ce qu'il se dissipe.

Pouvez-vous reconnaître, accepter et exprimer vos qualités personnelles ? Au milieu d'un groupe de chant, une jeune fille s'est un jour levée pour danser. Certaines personnes pensèrent qu'elle cherchait à se faire remarquer et la critiquèrent. Or, quoi de plus beau que son comportement ? Elle a envie de danser et elle danse. Elle en retire une fierté et le plaisir de montrer sa danse. Est-ce que ceci n'est pas naturel ? C'est ce que font souvent les enfants. Ils vous montrent leurs beaux dessins, leurs belles danses, leurs beaux poèmes et leurs beaux vêtements.

Cette fierté naturelle est parfois tellement étouffée qu'elle prend la forme de l'orgueil et de la jalousie cachés. Si vous n'osez pas exprimer votre vraie nature ou votre créativité, vous pouvez être jaloux sans même vous en rendre compte. Vous avez alors tendance à juger ceux qui osent être eux-mêmes, se montrer, exposer leur talent et exprimer leur nature. Rappelez-vous qui vous êtes vraiment. Ne vous culpabilisez pas. Accueillez vos nuages jusqu'à ce qu'ils se dissipent.

Tant que vos qualités personnelles ne sont pas reconnues, vous pouvez ressentir de l'orgueil, de la jalousie, de l'intolérance et parfois même de l'arrogance. Il est donc important de reconnaître vos qualités personnelles.

Voyez et acceptez vos qualités personnelles. Accueillez aussi pleinement votre divinité. Acceptez le fait que votre être véritable est Amour, Pure Conscience. Laissez votre vraie nature s'exprimer librement.

L'ego n'a plus du tout d'influence lorsque vos qualités (à la fois positives et négatives) sont reconnues et acceptées.

Auto-investigation No.20 : Épanouissement personnel

L'orgueil et la vanité se cachent partout, dans les actions les plus humbles et dans les actes d'amour apparemment désintéressés. L'orgueil et la vanité peuvent aussi être des freins à l'épanouissement personnel. La différence entre une personne éveillée et une personne qui ne l'est pas, c'est que l'éveillé connaît sa vanité et son orgueil alors que la personne encore inconsciente ne les voit toujours pas et leur résiste encore. Les personnes qui affirment que l'ego n'existe pas, devraient regarder un peu mieux où il se cache si subtilement. L'ego joue des tours à celui qui ne veut pas le regarder en face.

Avez-vous remarqué vos nuages « orgueil » et « vanité » ? Rappelez-vous qui vous êtes vraiment. Revenez à la Source et observez ces nuages jusqu'à ce qu'ils se dissipent.

Que faire face à la vanité ? En rire. Développez un bon sens de l'humour ! À ce sujet, voyez si certaines blagues vous dérangent.

Pouvez-vous rire de tout: de vous-même, de votre nationalité et de votre religion ? [22] Si vous ne pouvez pas rire de vous-même, qu'est-ce qui vous dérange ? Accueillez et acceptez la pensée « Je me prends trop au sérieux ». Revenez à la Source et constatez directement que vous êtes « Rien », une simple Présence.

---

[22] Tant que bien entendu cela n'enfreint pas la limite du respect. Ressentez quelle est cette limite à l'intérieur de vous-même. Soyez sensible à l'égard d'autrui.

Auto-investigation No.21 : Épanouissement personnel

Généralement, les individus voient le monde et autrui de manière personnelle et subjective parce que chaque individu a un scénario différent dans sa tête. Vous pouvez également appeler ce scénario des mémoires, un programme ou un conditionnement. Chaque individu vit en quelque sorte dans son monde et a tendance à croire que son monde est vrai. Ceci est la folie de la plupart des individus. Le mental est l'outil de cette folie. Il est l'outil par excellence pour justifier les comportements et les pensées. Sans conscience, vous croyez à votre perception mentale de la réalité, même si celle-ci est fausse. Croyez-vous que la folie vous soit étrangère ? Si c'est le cas, permettez-moi de vous aider à examiner un peu mieux votre ego.

Avez-vous peur de ce qui n'est pas « normal », rationnel ou rassurant ? Dans ce cas, vous avez peut-être peur de votre propre folie cachée. Rappelez-vous qui vous êtes vraiment et revenez à la Source. Observez votre nuage « peur de la folie » jusqu'à ce qu'il se dissipe.

Avez-vous des peurs tellement fortes que vous déformez la réalité (événements, conversations et perception des gens) ? Pourtant, vous croyez fermement à votre réalité, et quiconque la remettrait en question serait le fou. Revenez à la Source et observez vos peurs jusqu'à ce qu'elles se dissipent.

Avez-vous tendance à tout percevoir comme un problème? Votre ego est-il négatif, méfiant, suspicieux, facilement accusateur et parfois paranoïaque ? Sachez qui vous êtes vraiment. Revenez à la Source. Voyez et acceptez les nuages « négativité », « peur » ou « besoin de prouver votre valeur » jusqu'à ce qu'ils se dissipent.

Votre perception de la réalité est-elle extrêmement sélective?
Par exemple, vous pouvez vous accrocher à tous les mots ou à
toutes les situations qui semblent confirmer vos points de vue.
Bien sûr, cela peut aussi vous paraître très vrai. N'avez-vous
pas remarqué comment l'esprit attaché aux voitures rouges en
voit passer toute la journée ? En d'autres termes, lorsque vous
voulez voir les choses sous un certain angle, vous allez trouver
tous les détails qui semblent justifier vos opinions. Rappelez-
vous qui vous êtes vraiment et revenez à la Source. Accueillez
vos nuages « J'éprouve le besoin de prouver que j'ai raison » et
« Je ne me sens pas sûr de moi » jusqu'à ce qu'ils se dissipent.
Observez comment votre perception peut être totalement
déformée et fausse.

Chacun de nous a plus ou moins de folie cachée. Elle se cache
aussi derrière les apparences très lisses. À ce niveau encore, la seule
différence entre une personne éveillée et une personne qui est encore
en proie à l'illusion, c'est que le premier sait qu'il y a un fou en toute
personne alors que le second ne s'est pas encore aperçu de sa folie et
lui résiste en se cachant derrière des apparences normales et
rassurantes. Vraiment toutes les apparences sont trompeuses ! La
reconnaissance de cette folie est la première étape vers un esprit sain.
La personne qui voile encore sa face a tendance à montrer du doigt
celle qui fait des erreurs. Nous faisons tous des erreurs à un moment
ou un autre. Toutefois, lorsque son fou est accepté, il n'a plus
d'influence. Il est également plus facile d'accepter le fou et les erreurs
des autres. Ne vous moquez donc de personne car nous sommes tous
dans le même bateau.

La Quatrième Porte

Le chakra Anahata
(au niveau de la poitrine)
Faculté à donner et recevoir de l'amour

Auto-investigation No.22 : Sincérité

Cheminant vers ta Vérité,
Certains masques sont difficiles à voir et à ôter.
C'est le masque de l'amour, le masque du bien,
Le masque de la pureté, le masque du saint.
Si rassurants et flatteurs à porter,
Ils trompent agréablement et voilent la vérité.
L'ego peut même subtilement aller
Jusqu'à tout renoncement pour paraître saint et être satisfait.
Miroir, est-ce un jeu subtil ou véritable authenticité ?
Les conditionnements moraux sont des chaînes délicates
Qu'il faut savoir briser pour retrouver l'âtre
Du cœur nu et dévoilé,
Du Cœur originel dont l'envol peut commencer.

L'amour est votre véritable nature. Vous n'avez pas à vous forcer ou à le prouver. Certaines personnes portent des masques d'amour très trompeurs mais derrière ces masques se cachent l'ego et la souffrance. Votre cœur n'a pas à être grand. Il doit juste être vrai et sincère. Lorsque vous êtes à l'écoute de votre voix intérieure, l'amour se manifeste comme il doit se manifester (pas forcément comme vous souhaiteriez qu'il soit).

Si vous avez tendance à jouer à la personne de cœur, revenez à la Source. Voyez et acceptez votre « masque-amour » jusqu'à ce qu'il se dissipe. Laissez l'amour s'exprimer naturellement au travers de vous.

Certaines personnes clament aimer l'humanité entière sans se rendre compte que cet amour est le jeu de leur ego. L' « ego amour » est également capable de se lancer dans des projets humanitaires ou des actions totalement admirables et apparemment désintéressées.

Celui qui agit ainsi peut avoir toutes les apparences de la personne de cœur pourtant, c'est l'ego qui est aux commandes. Comment identifier « l'ego amour » ?

L' « ego amour » a tendance à comparer et à culpabiliser (subtilement ou pas) les personnes qui apparaissent moins « bien » ou moins aimantes. Est-ce votre cas ? Revenez à la Source. Observez vos nuages jusqu'à ce qu'ils se dissipent.

Critiquez-vous ou culpabilisez-vous les personnes qui ne donnent pas comme vous le souhaiteriez (de leur temps ou de leur hospitalité par exemple) ? Critiquez-vous les personnes qui n'aiment pas comme vous pensez qu'il faut aimer ? Si c'est le cas, retrouvez la Source : un espace d'ouverture et d'acceptation des différences dans les façons d'être et d'aimer. Accueillez vos nuages jusqu'à ce qu'ils se dissipent.

Pouvez-vous vous libérer du « bien » ? Osez-vous prendre des décisions que vous savez justes et intègres mais qui peuvent entraîner de mauvais jugements à votre égard et vous faire apparaître comme la « mauvaise » personne ? Revenez à la Source et soyez vous-même.

Il est généralement aisé de jouer le rôle du « gentil » et ensuite de critiquer. Il est moins aisé d'être authentique et de risquer de passer pour le « méchant ». L'esprit libéré est au-delà du bien et du mal. Il n'appartient ni à l'un ni à l'autre. Et ce faisant, il est le Bien suprême, celui qui préserve l'harmonie générale.

Parfois votre amour est vrai mais vous ne savez pas vraiment aimer. Vous aimez mal lorsque vous laissez vos peurs l'emporter sur le respect de la personne aimée (partenaire, enfant, ami, etc.)

Quelles sont vos peurs ? Est-ce que ces peurs se manifestent sous forme de critiques accusatrices et sévères ? Sont-elles réellement fondées ? Arrivez-vous à maintenir une relation ouverte, basée sur la confiance ? Pouvez-vous vous ouvrir à la « différence » de l'être aimé et lui donner le droit d'agir et de penser différemment de vous? Pouvez-vous lâcher prise avec vos mécanismes de protection et de contrôle ? Revenez à la Source. Observez vos nuages jusqu'à ce qu'ils se dissipent. Laissez l'amour s'exprimer librement.

Finalement, à quoi ressemble votre amour du Divin ? De nombreuses personnes soi-disant spirituelles s'inclinent devant leur Dieu ou leur Maître mais elles continuent les jugements, l'intolérance et les mensonges.

Votre amour du Divin est-il un amour d'intérêt ou de cœur ? Revenez à la Source et ouvrez-vous à la vérité.

Auto-investigation No.23 : Relations sentimentales

Tant que la vérité de votre ego n'est pas acceptée, vous recherchez et rencontrez l'alter ego. Il prend généralement la forme de l'ami ou de l'amoureux. Ces types de relations sont en fait vos meilleurs enseignants pour voir quelles sont vos résistances. Toutefois, lorsque vous faites la paix avec votre ego intérieur, l'ego extérieur n'a pas d'influence négative sur vous. Il se transforme en âme sœur.

Qu'en est-il de votre couple ? Est-ce que votre relation sentimentale est vraie ? Est-elle fluide? Aimez-vous avec votre « tête » ou avec votre cœur ? Lorsque l'on aime avec le cœur on peut accepter les défauts de l'autre. Inversement, lorsque l'on aime avec la « tête », on n'a pas envie d'accepter les défauts du partenaire. Si vous êtes confus et manquez de clarté, revenez à la Source. Laissez le silence intérieur et la vie vous guider.

L'amour qui provient de la tête est source de désillusions car il est superficiel. Si par exemple, vous cherchez à plaire sans être vraiment vous-même, vous risquez d'être déçu car vous attirez par votre jeu les personnes sensibles à ce jeu. Forcément, vous êtes un jour piégé par votre propre mise en scène. Ce n'est pas Vous que la personne aime mais l'image que vous avez faussement voulu donner. L'authenticité permet d'avoir une relation saine qui peut passer outre les difficultés de la vie et évoluer ensemble. Le compagnon de route solide est l'ami sincère qui se soucie de vous. C'est l'ami qui vous plaît, bien entendu, mais dont vous pouvez aussi accepter les défauts, celui avec qui vous vous sentez parfaitement à l'aise et avec qui vous pouvez tout dire et vous ouvrir sans fard.

Aimez-vous la présence de votre partenaire ? Acceptez-vous ses défauts ? Pouvez-vous être vrai et sans fard ? Si ce n'est pas le cas, revenez à la Source et soyez vous-même. En étant vrai, la clarté vient automatiquement. Laissez cette clarté vous guider.

Vous sentez-vous légèrement mal à l'aise avec votre partenaire ? Jouez-vous un jeu ? Essayez-vous de « posséder » l'autre par des ruses ou des stratégies ? Croyez-vous que la jalousie soit une preuve d'amour ? Quelles peurs vous empêchent d'être vraiment vous-même ? Revenez à la Source et observez vos peurs jusqu'à ce qu'elles se dissipent. Laissez votre vraie nature s'exprimer librement.

Plus vous êtes vrai et moins il y a de désillusions. Vous comprenez aussi plus rapidement si votre relation peut être harmonieuse.

Auto-investigation No.24 : Relations sentimentales

La paix et l'harmonie sont possibles dans un couple lorsque les partenaires ont des valeurs communes et une compréhension similaire du couple.

Qu'attendez-vous d'une relation (partage, famille, plaisir, liberté) ? Les objectifs peuvent être différents d'un partenaire à l'autre. Pour certaines personnes, la priorité est la liberté. Pour d'autres, la priorité est la famille. Lorsque les priorités sont différentes, vous est-il possible d'accepter vos différences et de faire les concessions nécessaires? Lorsque le nuage « refus de concession » traverse votre esprit, observez-le jusqu'à ce qu'il se dissipe.

Pouvez-vous communiquer librement ce qui vous dérange ? Dans ce cas, la relation est saine et peut évoluer, même en dépit de valeurs différentes. Si le nuage « refus de communication » est dans votre esprit, voyez-le et laissez-le se dissiper.

Croyez-vous que la paix soit le but ultime d'une relation ? Est-ce la destination qui compte ou la manière dont le couple marche sur le chemin ? Rares sont les couples qui vivent toujours en paix. Mais heureux sont les couples qui ont compris que la véritable paix est une façon d'accueillir et de gérer les éventuelles difficultés de la vie.

Pouvez-vous accueillir d'éventuelles difficultés comme une façon de vous ouvrir à un amour plus profond ? Lorsque le refus de l'idée de difficultés se présente à votre esprit, revenez à la Source. Accueillez le nuage « refus de difficultés » jusqu'à ce qu'il se dissipe. Suivez le courant. Lâchez prise.

Une relation de couple passe par différentes phases. Il se peut même qu'à un certain moment, l'un des partenaires éprouve un besoin de changement. Que penser du changement ? Tout couple marche ensemble le long d'une sorte de cercle (un cycle). Les partenaires tombent d'abord amoureux. Chacun croit avoir trouvé le partenaire idéal. Petit à petit, ils expérimentent leurs premières difficultés, liées à leurs personnalités respectives. Ils peuvent très bien, ou pas, faire face à ces difficultés. Ils peuvent même arriver à très bien s'entendre mais alors, l'absence de problèmes peut devenir un problème. La paix peut sembler ennuyeuse. Le sentiment d'être amoureux comme aux premiers jours n'est plus présent. En plus, chaque partenaire doit faire face à la routine de la vie quotidienne. Comment préserver une belle relation ? Alors que le couple se rapproche de la fin du cercle, la « crise sentimentale » peut survenir. Est-ce que l'un d'entre eux va choisir de mettre un terme à la relation ? Si c'est le cas, que se passe-t-il ? Ils vont recommencer le même cycle avec d'autres partenaires et, probablement, rencontrer les mêmes difficultés jusqu'à ce qu'ils aient suffisamment vécu d'expériences ou aient suffisamment mûri pour faire le « saut » de l'amour. Pourquoi ce saut ne se fait-il pas facilement ? L'amour véritable n'est pas attrayant pour l'ego. C'est la fin des illusions et des « idéaux ». N'ayez pas peur de la véritable saveur de l'amour. Lorsque l'ego est conquis, la joie et l'amour véritables sont présents. Faites le saut. Avec de la clarté, les faux rêves et les faux besoins disparaissent. Alors, vous êtes vraiment libre. Vous n'êtes pas libre de faire tout ce que l'ego souhaite et désire. Vous êtes libre de vous ouvrir à l'amour véritable et d'être l'amour. La relation de couple est aussi une voie sacrée vers le Divin.

Êtes-vous prêt à aimer vraiment ? Pouvez-vous accepter les hauts et les bas d'une relation ? Pouvez-vous oublier le passé et pardonner vos erreurs mutuelles ? Pouvez-vous essayer de dépasser vos limites respectives ? Pouvez-vous vous entraider et vous soutenir pour cela ? Le souhaitez-vous vraiment ?

Une relation change et peut même parfois atteindre le stade de l'incompatibilité et de la saturation mais cela peut aussi changer. Pouvez-vous donc essayer de préserver de votre mieux le couple et l'harmonie familiale (surtout lorsqu'il y a des enfants entre vous) ? Lorsque vous traversez des épreuves, gardez à l'esprit que « les gens heureux n'ont pas nécessairement ce qu'il y a de mieux. Ils savent simplement apprécier ce qu'ils ont. » [23]

Soyez donc patient. Tout le monde change. Cherchez des solutions. Nourrissez votre joie intérieure. Séparez-vous temporairement si c'est nécessaire. Faites de votre mieux. En même temps, lâchez prise avec d'éventuelles attentes. Ce qui doit arriver arrivera. Ne vous inquiétez pas. Détendez-vous. Faites simplement ce qui vous paraît naturel. Laissez le mystère de la vie se déployer. Un beau jour, la solution apparaît clairement.

Parfois, les différences sont trop importantes pour qu'une vraie relation de couple soit possible. Dans ce cas, il est préférable d'envisager une séparation amiable et de maintenir ainsi une relation harmonieuse. Quels sont les obstacles à ce type de séparation ?

Persistez-vous à accepter une situation qui ne vous correspond pas du tout ? Quelle est la raison de votre attachement ? Ouvrez-vous à la vérité. Voyez quelles sont vos peurs. Retrouvez votre silence intérieur et votre liberté.

Essayez-vous de mettre une corde au cou de votre partenaire de peur qu'il ne s'échappe ? Ce qui est vrai perdure. Ce qui est faux ne peut durer qu'au prix de désillusions et de souffrances. Si vous essayez de maintenir une relation par la force, la ruse ou le calcul, ne vous ligotez-vous pas vous-même ? Dans ce cas, comprenez la raison de votre attachement et rencontrez vos peurs intérieurement. Libérez-vous.

---

[23] Citation de Warren Buffet.

Auto-investigation No.25 : Relations sentimentales

Si votre relation sentimentale est difficile et complexe, je vous invite à essayer de voir la situation plus clairement en répondant aux questions suivantes :

Comment chaque partenaire perçoit-il son couple ? Quelles sont les difficultés générées par votre partenaire ? Quelles sont les difficultés générées par vous-même ?

Comment essayez-vous d'améliorer votre relation (discussions, critiques, reproches)? Qu'est-ce que cela a produit jusqu'à présent ? Y a-t-il d'autres moyens d'améliorer votre relation (essayer de communiquer différemment, vous laisser plus d'espace, avoir recours à un conseiller extérieur) ?

Pouvez-vous accepter totalement votre partenaire tel qu'il est aujourd'hui ? Pouvez-vous cesser de vouloir le changer ? Pour cela, considérez clairement ce que vous lui reprochez pour savoir si vous avez l'envie ou la force d'accepter sans reproches ce que vous considérez être ses travers.

Lorsque la clarté est présente, le Cœur trouve la solution la plus appropriée pour préserver l'harmonie.

Auto-investigation No.26 : Donner

Lorsque les peurs n'entravent pas votre véritable nature, donner est un mouvement très naturel. Ce mouvement se fait selon le sens de l'harmonie. Par exemple, si votre situation personnelle est satisfaisante financièrement, donner est très naturel. Au contraire, si vous manquez d'argent et que vous devez prendre soin de votre famille, donner n'est plus naturel. L'acte de donner dépend de la situation personnelle et des circonstances. Il n'obéit pas à des obligations morales.

Si partager n'est pas naturel pour vous, revenez à la Source. Observez votre peur jusqu'à ce qu'elle se dissipe.

À nouveau, n'oubliez pas que vous n'êtes pas vraiment l'ego. Osez donc le regarder en face. Ouvrez-vous à la vérité. Autrement, vous pouvez croire que vous êtes déjà libre alors que vous êtes encore la marionnette de votre conditionnement mental. Certaines tendances de l'ego peuvent demeurer « cachées », surtout en ce qui concerne l'acte de donner ou de recevoir. Par exemple, lorsque vous avez des peurs qui vous empêchent de donner et de partager, trouvez-vous des excuses pour justifier votre comportement ? Quelles sont-elles ? Ouvrez-vous à la vérité afin de réellement respecter autrui et vous-même. Lorsque vous vous ouvrez à la vérité, les comportements égoïstes disparaissent, naturellement.

Avez-vous des excuses égoïstes (par exemple : « Je ne vais pas commencer à aider ces gens car autrement ils vont tout me prendre. ») ? Rappelez-vous qui vous êtes vraiment. Revenez à la Source et accueillez votre nuage jusqu'à ce qu'il se dissipe. Ayez confiance.

Avez-vous des excuses accusatrices (« Je ne leur achèterai pas un joli cadeau car ils sont avares. ») ? Souvent, l'avare a tendance à accuser les autres d'avarice comme le menteur a tendance à accuser les autres d'être menteurs. Revenez à la Source et accueillez votre nuage jusqu'à ce qu'il se dissipe. Soyez vrai avec vous-même et autrui.

Avez-vous des excuses culpabilisantes (« Je peux bien prendre ce peignoir dans l'hôtel car ils exagèrent de faire payer cette chambre aussi cher. ») ? Revenez à la Source. Accueillez votre nuage jusqu'à ce qu'il se dissipe. Voyez que le respect d'autrui compte autant que le respect de soi.

Avez-vous les excuses de la victime (« On ne me donne pas beaucoup d'attention, donc pourquoi devrais-je leur en donner ? ») ? Attendez-vous beaucoup des autres alors que de votre côté vous donnez très peu ? Revenez à la Source et accueillez votre nuage jusqu'à ce qu'il se dissipe. Ouvrez votre esprit et savourez la joie que le partage procure.

Ainsi, le mental a tendance à se déculpabiliser en critiquant autrui. Vous reconnaissez-vous dans ce rôle ? Dans l'affirmative, accueillez votre nuage « malice » (ce n'est jamais votre faute mais celle des autres) jusqu'à ce qu'il se dissipe.

Ouvrez-vous également à la vérité quant à votre façon de donner. Qui donne : l'ego ou le Cœur ?

Donnez-vous par intérêt (pour pouvoir par exemple bénéficier des services d'autrui ou pour maintenir votre bonne réputation) ? Donnez-vous différemment en fonction de l'importance des gens ? Revenez à la Source. Voyez quelle est votre peur. Observez-la jusqu'à ce qu'elle se dissipe.

Donnez-vous par devoir moral ? Vous forcez-vous à donner de votre temps, de votre attention ou de votre argent ? Revenez à la Source. Observez votre peur jusqu'à ce qu'elle se dissipe.

Pourquoi chercher l'expression d'un amour forcé quand dans la simplicité de votre être vous êtes déjà l'amour ? L'amour véritable ne se force pas. Toutefois, je vais nuancer mon propos à ce sujet car il y a des différences dans la manière dont certaines personnes se forcent pour bien faire. Une personne peut vouloir aider quelqu'un uniquement par intérêt, pour améliorer son propre karma[24] par exemple. Cela effectivement ne sert à rien car la motivation est égoïste. En revanche, quelqu'un qui connaît son égoïsme et qui souhaite vraiment le dépasser, peut se forcer à « bien » faire afin de changer ses habitudes. Ce comportement-là est au contraire très vertueux. La sincérité des intentions est ce qui compte vraiment. L'authenticité est la source du bien-être. Tout acte et pensée provenant de cette source sont « purs » (vrais). Ils favorisent l'harmonie. Même les colères à partir de cette source ne sont pas destructrices. N'ayez pas peur de donner, même si ce que vous donnez n'est pas reconnu. Soyez certain que tout don fait sincèrement est un cadeau précieux, pour autrui, mais aussi pour vous.

Ouvrez-vous à la pensée « Je donne sans rien attendre en retour ». Revenez à la Source. Si le fait de donner sans rien recevoir en retour vous perturbe, observez les nuages « frustration » ou « colère » jusqu'à ce qu'ils se dissipent.

Plus vous donnez avec sincérité et plus la vie vous récompense d'une façon ou d'une autre, tôt ou tard, directement ou indirectement. Elle a des milliers de mains et des milliers de façons de vous remercier. Mais n'attendez rien pour autant en retour. Laissez simplement l'amour s'exprimer librement au travers de vous.

---

[24] Loi de cause à effet. Conséquences d'actes antérieurs.

Auto-investigation No.27 : Recevoir

Donner de l'amour n'est pas toujours facile. Il en est de même avec le fait de recevoir de l'amour. Qu'en est-il pour vous ? Vous avez peut-être des difficultés à recevoir de l'aide et de l'amour si vous sentez que cela n'est pas véritablement offert de bon cœur. Mais autrement, qu'est-ce qui vous empêche d'être ouvert à l'amour ou à l'aide sincèrement proposés ?

Est-ce l'orgueil ? Est-ce l'habitude de tout faire par vous-même ? Est-ce que ce sont les désillusions qui font croire que l'aide et l'amour véritables n'existent pas ? Est-ce le sentiment de culpabilité ou la croyance que vous n'êtes pas assez bien pour mériter cette aide ou cet amour ? Revenez à la Source. Observez le contenu de votre esprit jusqu'à ce que vos nuages disparaissent. Ouvrez-vous à l'amour.

Avez-vous peur d'être mal jugé si vous ne pouvez pas donner en retour ? Revenez à la Source et accueillez votre peur jusqu'à ce qu'elle se dissipe. La vie a d'autres mains que les vôtres pour apporter votre remerciement. L'intention sincère de donner en retour se matérialisera sûrement, même si ce n'est pas directement au travers de vous. Laissez l'amour se manifester librement.

Auto-investigation No.28 : Recevoir

Le manque d'amour de soi est la cause principale qui empêche certaines personnes de s'ouvrir aux autres et de recevoir de l'amour. D'ailleurs, c'est le manque d'amour de soi qui induit parfois un comportement ignoble à l'égard d'autrui, comme si celui qui ne s'aime pas cherche à prouver qu'il est véritablement une « mauvaise personne ». Est-ce votre cas ?

Êtes-vous parfois méchant ? Pouvez-vous vous réconcilier avec votre « démon intérieur » (le dur, l'égoïste, le jaloux, le dominateur) ? Rappelez-vous qui vous êtes vraiment. Ne vous identifiez pas à l'ego. Revenez à la Source et observez vos nuages avec détachement jusqu'à ce qu'ils se dissipent. Maintenez votre ouverture.

Dans la vie quotidienne, chaque fois que des « mauvaises pensées » reviennent dans votre esprit, prenez-en conscience sans les juger, jusqu'à ce qu'elles se dissipent. De ce fait, elles ne peuvent plus vous influencer. Bravo !

Vous cachez peut-être votre démon intérieur. Les personnes qui cachent leur « démon » savent en général se contrôler et aiment contrôler. Elles peuvent aussi porter le masque de la douceur. Toutefois, lorsque le « contrôle » est perdu, ces personnes peuvent devenir agressives ou méchantes (même de manière subtile). Pouvez-vous reconnaître votre « monstre » et vous réconcilier avec lui ? Ne vous identifiez pas à l'ego. Ne vous sentez pas « mal ». Revenez à la Source et voyez quel est votre démon intérieur. Observez-le jusqu'à ce qu'il se dissipe.

Tous les monstres existent en chacun de nous. Vous n'êtes pas le corps mais la conscience qui inclut tous les corps. La seule différence est que certains se sont déjà réconciliés avec leurs monstres et d'autres pas. Évitez donc de montrer du doigt les monstres d'autrui car vous ne feriez que vous moquer de vous-même. En ne résistant pas à la vérité, vous neutralisez tous les « démons ».

Certaines personnes ne peuvent pas s'ouvrir à l'amour car elles ne fonctionnent qu'à « coups de bâton ». Si vous les traitez gentiment, elles ne vous respecteront pas et ne pourront pas s'ouvrir à votre gentillesse car elles ont tout simplement été habituées à respecter sous la contrainte ou la force.

Si vous manquez de respect à l'égard des personnes gentilles parce que vous les jugez fausses ou faibles, voyez votre « doute » et vos nuages. Êtes-vous trop dur avec vous-même ? Revenez à la Source. Observez vos nuages jusqu'à ce qu'ils se dissipent. Accueillez la gentillesse.

L'amour ne peut être compris par le mental. Il semble trop naïf et inintelligent. Prenez pour exemple le comportement des jeunes chiens. Même après les avoir corrigés, ils remuent la queue la minute suivante.

Aimez-vous l'Amour ? Pouvez-vous vous réellement vous ouvrir à l'amour ? L'amour frappe à votre porte mais ne s'impose pas. L'ouverture doit être mutuelle.

Avez-vous peur de l'amour ? Avez-vous peur de souffrir en étant confiant, innocent et vulnérable ? Revenez à la Source. Observez la pensée « J'ai peur d'être vulnérable » jusqu'à ce qu'elle se dissipe. Laissez l'amour s'exprimer librement.

Il peut sembler plus facile de vous protéger et d'être calculateur, malin ou manipulateur. Vous pensez peut-être que cela vous protège de la souffrance. Ayez foi en l'existence. Elle est sacrée. En tout lieu, vous êtes dans ses bras maternels. Ouvrez-vous à la vie et à l'amour.

La Cinquième Porte

Le chakra Vishuddhi
(au creux de la gorge)
Communication et créativité

Auto-investigation No.29 : Libre expression

Nous avons tous des natures et des dons différents. Certains ont un don de guérison, d'autres sont doués pour le travail manuel, les activités intellectuelles, l'expression verbale, la peinture, la danse, le chant ou simplement pour ne rien faire et apprécier la vie.

Quels sont vos talents ou vos inclinations naturelles ? Pouvez-vous les accueillir et les exprimer librement ?

Lorsque le « moi » s'oublie, votre vraie nature est libre. Les activités se mettent en place naturellement. Le pinceau peint. Le stylo révèle le sens. Les mains guérissent. La danse s'exprime. La voix chante. Le clown grimace mais l'acteur a disparu. Les yeux se délectent du paysage. La Vérité s'exprime. L'expression libre est un état de Présence. C'est votre état naturel.

Si vous n'osez pas vous exprimer librement, qu'est-ce qui vous en empêche ? Quelles sont vos peurs : «J'ai peur du jugement d'autrui », « J'ai peur de faire des erreurs », « Je ne me sens pas suffisamment qualifié », « J'ai peur de paraître trop superficiel », « J'ai peur de me ridiculiser », «J'ai peur de dire des choses inintéressantes » ? Revenez à la Source. Observez vos peurs jusqu'à ce qu'elles se dissipent.

Critiquez-vous facilement les gens qui osent s'exprimer librement? Qu'est-ce que cela cache ? Acceptez-vous vos propres faiblesses ? Revenez à la Source. Observez vos nuages intérieurs jusqu'à ce qu'ils se dissipent.

Auto-investigation No.30 : Mensonges et vérité

Les personnes qui furent sévèrement réprimées pour leurs erreurs pendant l'enfance, préfèrent généralement le mensonge à l'expression de la vérité. Si vous demandez aux enfants quelle bêtise ils ont faite, ils vous le disent. Mais si vous les grondez par la suite, ils peuvent finir par dire des mensonges. Cela peut se retranscrire dans leur vie d'adulte. Ainsi, certaines personnes ne peuvent pas faire face à la vérité, aux critiques ou admettre leurs torts.

Mentez-vous souvent ? Pouvez-vous accepter « le menteur » en vous ? Avez-vous tendance à croire que l'on vous ment ? Accusez-vous les autres au lieu de faire face à la vérité ? Si tel est votre cas, revenez à la Source. Observez vos nuages jusqu'à ce qu'ils se dissipent.

Même si vos mensonges sont insignifiants, pourquoi les préférer à la vérité ? Croyez-vous vraiment que les petits mensonges ou les excuses simplifient les situations ? Pourquoi la vérité ne serait-elle pas mieux reçue qu'un mensonge ? Elle peut être dite avec sensibilité et délicatesse. Par exemple, si vous êtes fatigué et que vous n'avez pas envie d'aller chez des amis, vous pouvez le leur dire simplement et gentiment. Vous devriez aussi être capable de recevoir et d'entendre la vérité.

Pouvez-vous entendre et recevoir la vérité sans problème ? Pouvez-vous accepter que des personnes ne vous apprécient pas ou ne veuillent pas vous voir ? Lorsque la pensée « Je ne peux pas accepter cela » traverse votre esprit, revenez à la Source. Accueillez votre résistance jusqu'à ce qu'elle se dissipe.

Bien entendu, il y a des situations où le silence ou un « gentil mensonge » sont préférables à la vérité, mais autrement qu'est-ce qui vous empêche de dire ou d'écouter la vérité ?

Vous sentez-vous facilement rejeté ? Êtes-vous encore identifié à la « mauvaise personne » ? Chaque fois que les pensées « Je ne suis pas une bonne personne », « J'ai peur du jugement d'autrui » ou « J'ai peur d'être rejeté » traversent votre esprit, revenez à la Source. Accueillez vos nuages jusqu'à ce qu'ils se dissipent.

Auto-investigation No.31 : Mensonges et vérité

De mon point de vue, dire ce que l'on a sur le cœur, exprimer ses émotions et même sa colère est beaucoup plus sain que le mutisme. Cela libère d'un « poids » et permet de « grandir » ensemble. Autrement, en ne s'exprimant pas, il est possible de fermer son cœur et de devenir froid, taciturne, frustré ou hypocrite.

Si vous n'exprimez pas librement ce que vous pensez ou ressentez, accueillez intérieurement votre sentiment de frustration, votre froideur ou votre hypocrisie (commérage ou critiques dans le dos). Revenez à la Source. Ne vous identifiez pas à l'ego. Ne vous culpabilisez pas. Ouvrez-vous à la vérité et observez vos nuages jusqu'à ce qu'ils se dissipent.

Peut-être arrivez-vous à vous exprimer très librement, au point d'être mal compris ou jugé. Si vous pouvez rire de votre ego par exemple, il vous est facile de vous « mettre à nu » et de parler très librement. Mais cela peut être mal interprété si la personne en face de vous n'a pas « digéré » certaines tendances de son ego. Dans certains cas, il est préférable de porter un voile de silence sur son esprit. En évitant d'exposer certains aspects de l'ego, l'harmonie est préservée.

Si vous parlez trop ouvertement, pouvez-vous accepter le fait d'être naïf ou de manquer de discernement ? Revenez à la Source et observez vos nuages jusqu'à ce qu'ils se dissipent. Ressentez ce que vous pouvez dire en fonction des individus. Faites confiance à votre voix intérieure.

Finalement, comment exprimez-vous vos opinions et vous affirmez-vous ? Qui dirige votre expression : l'ego ou le Cœur ?

Êtes-vous arrogant ? Avez-vous tendance à croire que vous savez mieux que les autres, surtout lorsque vous êtes en présence de gens que vous estimez plus faibles, inférieurs ou plus ignorants que vous ? Revenez à la Source. Ne vous identifiez pas à l'ego. Ouvrez-vous à votre arrogance jusqu'à ce qu'elle se dissipe.

Êtes-vous faible ? Lorsque des personnes affirment librement leur point de vue et que vous ne vous sentez pas capable de discuter avec elles, les accusez-vous (ou ressentez-vous le besoin de les accuser) d'arrogance ? Revenez à la Source. Observez vos nuages « faiblesse » ou « manque de courage » jusqu'à ce qu'ils se dissipent. Quelles sont les conséquences de votre faiblesse ? Critiquez-vous autrui de manière abusive ? Revenez à la Source. Ne vous identifiez pas à l'ego. Observez vos nuages jusqu'à ce qu'ils se dissipent.

L'arrogance et la faiblesse n'aboutissent souvent qu'à des discussions vaines. Lorsque vous êtes « piégé » par ce genre de discussions et que votre interlocuteur n'est pas ouvert, exprimez calmement et clairement votre point de vue et ensuite cessez de parler. Même si vous avez raison, acceptez d'être le « perdant ». En vérité, il n'y a pas de perdants dans le « jeu » de la vie.

Après avoir traversé la forêt des ombres

Finalement, votre esprit est en paix. Vous avez exploré, compris et accepté les différentes facettes de votre ego. Cette paix intérieure est dorénavant votre véritable pilier. La réalité extérieure ne vous affecte pas de la même façon qu'avant. Si certaines personnes ont des opinions fausses à votre sujet, cela ne vous dérange pas. Vous connaissez votre propre vérité et vous pouvez accueillir vos ombres. De ce fait, vous êtes tel un arbre à la fois profondément enraciné dans le sol et capable de danser dans le vent. C'est un beau spectacle.

Après avoir lu ce chapitre, il se peut que vous ayez une certaine idée de la personne que vous devriez être. Si cela est le cas, libérez-vous tout de suite de toute idée de modèle. N'évaluez surtout personne sur l'échelle de la réussite spirituelle (niveau de joie, niveau de peur, niveau d'énergie, niveau de silence et niveau d'amour). Vous retomberiez autrement au cœur du problème majeur : le jugement et la recherche d'un soi toujours différent de sa condition actuelle. Restez léger. Libérez-vous des idéaux spirituels, de la perfection, des attentes d'autrui et de la culpabilité. Soyez tout simplement vous-même et faites de votre mieux. N'essayez pas d'être exceptionnel, différent ou spécial. Acceptez votre ego tel qu'il est, « ici et maintenant ».

*Continuer d'observer vos nuages dans le quotidien, et en particulier les quatre principaux : « **attentes** », « **besoin de prouver votre valeur** », « **besoin de faire des reproches et de critiquer** » et « **peur de perdre** ». Souvenez-vous d'eux. Prenez-en conscience lorsqu'ils traversent votre esprit. Sachez qui vous êtes vraiment et maintenez votre ouverture.*

Il n'y a rien d'exceptionnel, de brillant, de puissant ou de parfait à rechercher. Vous faites simplement partie de la nature. N'y a-t-il rien de plus simple que la nature ? Certains arbres sont petits et d'autres sont grands. Certaines plantes sont robustes et d'autres sont frêles. Certains buissons ont des épines et d'autres pas. Chaque élément est à sa place. Il n'y a pas de comparaison. Il n'y a pas de jugement. Tout fonctionne comme une entité organique, en harmonie. Vous faites désormais partie de cette harmonie car votre cœur vous guide. Laissez votre cœur s'exprimer. Faites ce qui est simple, naturel, évident et harmonieux.

En parallèle, ne laissez même pas l'ego subtil vous piéger. Ne le reniez pas. Ne pensez pas que l'ego n'est plus là ou qu'il ne devrait plus être là. Vous êtes tout simplement sorti de son influence en prenant conscience de la vérité. L'ego n'est pas un problème. Continuez de le voir, de l'accueillir et d'en rire. Sous le regard de la conscience, il se dissipe sans effort. Pour l'ami de la Lumière et des ombres, la dualité prend fin. Tout est accueilli. L'esprit n'est plus piégé ni limité.

Chapitre 6 : Être soi, naturellement

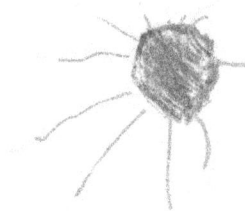

Marie, 4 ans

À propos du bonheur

Lorsque le conflit intérieur cesse, la dualité prend fin. Vous êtes naturel, à l'écoute du Cœur. Toutefois, l'ego peut réapparaître de temps en temps sur l'écran de la conscience. Il est donc préférable de rester vigilant, afin de demeurer libre et naturel. Quelques clés supplémentaires peuvent encore vous aider.

Il existe une anecdote ancienne au sujet d'un roi qui ne pouvait décider auquel de ses trois fils il donnerait la clé d'or du royaume. Il les rassembla donc un jour et leur annonça qu'il donnerait cette clé à celui qui serait pleinement heureux dans dix ans. Rien ne semblait plus facile aux trois fils car ils avaient tout pour être pleinement heureux: une vie facile, de l'argent et les meilleurs conseillers.

Le premier fils pensa conquérir le cœur de la plus belle et de la plus intelligente des princesses. Lorsqu'il hériterait par la suite de son domaine, il deviendrait le plus heureux et le plus adulé des rois. Au bout de dix ans, le prince réussit son pari. Il fut alors admiré et respecté de tous. Tous les gens du royaume voyaient en lui un modèle. Au bout de ces dix années, son père vint le voir pour lui demander s'il était pleinement heureux. La question lui semblait saugrenue. Comment ne serait-il pas heureux car il avait tout ce qu'il lui fallait pour l'être ? « En es-tu bien sûr ? » demanda son père. Il est vrai qu'en dépit de sa belle princesse et de toute l'admiration dont il faisait l'objet, il se sentait parfois seul. Il lui manquait quelqu'un avec qui il puisse rire, discuter et se sentir à l'aise. Mais lorsque sa belle princesse lui donnerait un fils, il serait alors le plus heureux des hommes. « Ton bonheur est toujours conditionnel » lui répondit son père. « Le bonheur peut-il se construire avec des « si » et des espoirs ? Dépend-il du succès ? De plus, j'ai l'autre jour rencontré un vieil homme qui m'a dit que tu voulais tellement croire en ton bonheur que tu pouvais difficilement te remettre en question. Est-ce bien vrai, mon fils ? »

Le deuxième fils pensa qu'il trouverait le bonheur en suivant les préceptes des sages. Un premier sage lui conseilla de faire une retraite et de garder le silence pendant sept ans. Il le fit, et ressortit lui-même très sage de cette expérience mais il ne se sentait toujours pas véritablement heureux. Un deuxième sage lui reprocha d'avoir écouté les conseils du premier et lui recommanda de s'abstenir de toute pensée négative pendant un an. Il ressortit encore plus sage de cette expérience mais il ne trouva toujours pas le bonheur. Un troisième sage lui conseilla de se distraire et de s'amuser. Mais ceci ne lui apporta toujours pas la satisfaction attendue. La neuvième année, le fils lut une multitude de livres de sagesse. Il rencontra une foule d'érudits, de conseillers et bien entendu, il suivit leurs préceptes. La dixième année, son père lui demanda s'il avait trouvé le vrai bonheur. « J'ai beaucoup plus de sagesse qu'avant mais je dois avouer que je n'ai pas véritablement trouvé le bonheur » répondit le fils. « Au fond, je me sens même un peu déprimé ». Le père demanda alors : « Cela ne viendrait-il pas du fait que tu suis et écoutes les autres, mais toi mon fils, que veux-tu au juste pour être heureux ? Es-tu à ton écoute ? Sais-tu ce qui est juste et vrai pour toi ? Quels sont les peurs et les désirs qui t'empêchent d'être vraiment toi et de faire ce que tu aimes vraiment ? »

On se doute bien que c'est le troisième fils qui hérita de la clé d'or du château. Déjà, dès le départ, il se moquait bien de l'idée d'être pleinement et toujours heureux. Comme si cela pouvait exister ! Il partit, curieux, voir ce qu'il y avait derrière les montagnes. Il rencontra une multitude de personnes, suivit les conseils qui lui semblaient sages, ignora ceux qui ne lui plaisaient pas. Il devint navigateur lorsqu'il en eut envie, jardinier lorsque cela lui plut, balayeur lorsqu'il n'avait plus d'argent et écrivain lorsqu'il n'en manquait pas. Il vivait légèrement, avec pourtant quelques projets et désirs en tête. Mais si ses projets et ses désirs se réalisaient, tant mieux, s'ils ne se réalisaient pas, tant pis. Rien n'avait trop d'importance bien qu'il considérât tout comme très précieux. Est-ce qu'il était heureux demanda son père ? « Je n'en sais rien », répondit-il. « Qu'est-ce que le bonheur ? En tout cas, je suis satisfait de ma vie telle qu'elle est aujourd'hui avec ses hauts et ses bas. Je ne regrette rien de mon passé et je ne m'inquiète pas de l'avenir. Mon cœur est resté léger. Peut-être est-ce ainsi parce que je suis resté à mon écoute. »

Le deuxième fils avait également toutes les qualités pour trouver ce bonheur simple mais il n'était pas suffisamment à l'écoute de sa voix intérieure. De la même manière, certains chercheurs spirituels sont tellement en quête de libération qu'ils en oublient le *Cœur* du « problème » : être simplement eux-mêmes et suivre leurs inclinations naturelles. Comment pourriez-vous vous ouvrir à votre véritable nature si vous ne vous respectez pas vous-même et si vous ne savez même plus parfois ce que veut dire le respect de soi, l'écoute de soi et la liberté d'être soi ?

Je vous raconte une autre histoire. Une petite fille passait son temps à admirer les papillons. Lorsqu'on lui demandait ce qu'elle voulait faire plus tard, elle répondait inlassablement « dessiner des papillons ». Cela faisait rire sa famille. Mais lorsqu'elle grandit et que la réponse était invariable, ses parents pensèrent qu'il était temps de lui montrer le « bon chemin » : celui où elle aurait un bon métier, serait indépendante, gagnerait de l'argent et serait donc heureuse. Mais à dix-huit ans, la réponse de leur fille était imperturbable : « Je veux dessiner des papillons ». « Ce n'est pas en dessinant des papillons que tu gagneras ta vie ! » répondirent ses parents. Ils la forcèrent à faire des études de comptabilité et elle devint comptable. À trente ans, elle fit une dépression. Sa vie était sans attrait à ses yeux. Était-ce cela le bonheur qu'avaient planifié pour elle ses parents ? Elle parla à ses amis de ses projets de dessiner des papillons mais ceux-ci lui répondirent que ce n'était pas raisonnable. Elle risquait même d'aggraver sa dépression si elle échouait. Elle devrait être plus sage, plus responsable et accepter de vivre et de travailler comme tout le monde. À la fin, elle arriverait comme tout le monde à se satisfaire de ce qu'elle avait. Elle essaya donc de se satisfaire de sa situation mais à quarante ans, sa dépression avait empiré. Cela la fit sérieusement réfléchir. Qu'était devenue sa vie ? Ce n'était pas elle qui la dirigeait. Sa vie était dirigée par la voix de sa famille, la voix de ses amis et la voix de la société. Et qu'étaient toutes ces voix ? Des peurs, uniquement des peurs, encore et encore des peurs. Heureusement, elle décida finalement d'écouter sa voix intérieure et elle trouva le vrai bonheur.

Lorsqu'un projet « sonne vrai » en vous, il ne peut pas « sonner faux » dans votre vie. Si vous avez confiance en vous et en votre ressenti intérieur, il est impossible d'échouer. Bien sûr, il ne doit pas s'agir d'une idée passagère ou superficielle, motivée par l'ambition ou le besoin de prouver quelque chose. Votre projet doit être sincère et naturel. Si c'est le cas, et si vous êtes dans une situation qui vous le permet, prenez votre courage à deux mains et plongez vers la vérité. Ayez confiance. Votre pilier intérieur vous soutiendra de toutes ses forces et par tous les moyens. Soyez patient. Croyez en votre rêve intérieur. Il se réalisera.

Suivez votre intuition et soyez heureux

Lorsqu'il n'y a pas de conflit intérieur, l'ego ne fait pas obstruction. Vous êtes en contact direct avec votre vraie nature et par conséquent, vous avez de l'intuition. Vous recevez aussi l'aide de l'existence.

Pouvez-vous laisser votre intuition vous guider ? Pouvez-vous mettre de côté votre esprit rationnel ? Quelle est la vérité de votre cœur ? Accueillez-la totalement. Que ressentez-vous intérieurement ? Faites confiance à votre réponse intérieure.

Quelles que soient les situations que vous vivez, à partir du moment où vous êtes en accord avec vous-même, votre joie n'est pas affectée. Cette joie intérieure (ou confiance intérieure) est une force extraordinaire. C'est elle qui permet de surmonter les difficultés de la vie. Elle guérit toutes les « blessures ». Elle ne vous laisse jamais déprimé bien longtemps. Elle fait rapidement oublier le passé et permet de vivre le moment présent. Nourrissez donc votre joie de vivre car c'est elle qui vous rend véritablement fort. Faites-vous plaisir. Suivez votre intuition.

De manière générale, on peut dire que les personnes sur la voie extérieure (ouvertes aux expériences de la vie) se sentent plus joyeuses et équilibrées lorsqu'elles nourrissent également leur silence intérieur (par des marches dans la nature, en restant seules pendant un moment, en pratiquant le yoga, la méditation, etc.). Au contraire, les personnes sur la voie intérieure (pratiques spirituelles, méditations, retraites) peuvent nourrir davantage leur joie intérieure en s'ouvrant au monde extérieur (en prenant un verre au café ou en discutant avec des amis). Quand l'ouverture est équilibrée, il y a une grande stabilité et la joie est véritable.

Soyez heureux : tout va bien de toute façon

Face à des choix de vie, la clarté n'est pas toujours présente. Quand vous avez des doutes et que vous avez peur de faire un mauvais choix, revenez à votre silence intérieur. Peut-il être affecté ? Il ne peut l'être. De quoi donc avoir peur ? Sentez-vous libre de faire des erreurs. C'est en fait la meilleure façon de les éviter. Vous restez spontané. Dans tous les cas, faire des erreurs est une façon d'apprendre et d'évoluer. Tout va bien de toute façon. C'est seulement lorsque le mental interfère que la vie paraît compliquée. L'absence de clarté n'est pas un problème. Cela veut parfois simplement dire que le moment de la clarté n'est pas encore venu. Par conséquent, prenez la vie avec légèreté et relativisez toute chose. Revenez à votre silence intérieur. N'ayez crainte. Lorsque le moment de prendre une décision arrive vraiment, vous le savez. Tout est clair. Détendez-vous. Vivez légèrement et joyeusement !

Le bonheur et la liberté

Parfois, vous pouvez ressentir de la confusion. Qui gouverne votre vie ? Est-ce le cœur (sensible à l'harmonie) ? Est-ce la sagesse intérieure (au-delà du bien et du mal) ou est-ce l'ego (nourrit par l'ambition, les peurs, la moralité, la colère, la culpabilité et le besoin de comparer) ? Explorez cela à l'intérieur de vous. Observez vos ressentis intérieurs et la vérité se dévoile, tout simplement. Voici un exemple. Il y a plusieurs années de cela, je voulais enseigner le Yoga mais j'avais tendance à m'impliquer dans des projets sociaux ou humanitaires. Mais qui voulait cela ? Lorsque j'observais mes ressentis intérieurs, ma réponse était claire. Pour le Yoga, tout mon être disait « oui ». Pour les autres projets, je ressentais un poids. Sans ressenti et conscience de cela, je me serais lancée dans des activités contre-nature. Je me serais forcée.

Ressentez à l'intérieur de vous comment certaines idées ou projets résonnent. Ressentez-vous de la légèreté, un poids, un sentiment plaisant ou une impression désagréable ? Faites confiance à votre réponse intérieure. Au-delà du sens du devoir et de la moralité, suivez votre voix intérieure. Elle est toujours source d'harmonie, pour vous et pour autrui. Finalement, si nous respectons tous cette voix, elle nous conduira à l'harmonie globale. Ne vous laissez pas influencer par votre mental, vos amis ou différentes pressions familiales et sociales. Ayez confiance en votre voix intérieure et soyez libre. Là se trouve la clé de votre bonheur.

Deux jolies feuilles tournoyaient,
Dans les vents, éprises de liberté,
Toutes deux voulant voir l'océan
Mais comment se libérer de ce vaste tournoiement ?

Un jour, dame mésange vint à passer
Et dans les vents un message a glissé.
« Si tu veux voir l'océan, feuille éprise de liberté
Pose-toi sur le ruisseau et cesse de penser.
N'aie peur d'aucun tourbillon et suis le courant.
Ne souhaite rien et tu verras l'océan. »

La première feuille se posa,
Sans peurs et sans résister.
Elle suivit le cours jusqu'à s'y noyer
Mais chaque fois fut rattrapée
Par des eaux plus clémentes.
Un matin, essuyant sa rosée,
Elle aperçut l'océan tant aimé.

La deuxième feuille plus maligne
Au premier tourbillon s'envola vers la rive.
Pourquoi subir ces eaux déchaînées
Alors que sur la rive la douceur n'a rien d'un mirage ?

Elle prit son temps et se délecta des beautés
Des mille et un paysages.
Fière d'être une feuille pensante échappant aux dangers
Elle ne se posait sur les flots que lorsque cela l'enchantait.
Ô chère feuille, maintenant tu comprends, trop tard as-tu peur,
Que la liberté de l'esprit n'est pas la liberté du cœur.

C'est tout le paradoxe de la liberté. Lorsque vous pensez être libre parce que vous faites ce que vous voulez, vous êtes en vérité aliéné. Au contraire, lorsque vous mettez de côté votre volonté et écoutez votre cœur, vous voguez vers la grande liberté : celle d'être pleinement vous-même. Êtes-vous prêt à lâcher le contrôle ? Qu'est-ce que votre liberté apparente ? Que sont vos choix ? Qu'est-ce que votre volonté ? Qu'est-ce qui gouverne votre vie ? Comme vous le savez, la quasi-totalité de vos choix est conditionnée par les désirs, les peurs, les attentes, l'éducation et les expériences. Vous vous croyez libre alors que vous êtes enchevêtré dans une toile de conditionnements. Prisonnier de cette toile, la liberté que vous avez est celle d'arrêter de vouloir de cette façon. C'est le début véritable de la liberté et de son paradoxe : celui de trouver la liberté dans le renoncement à votre volonté. Ce n'est plus « Je veux » qui s'exprime mais ce qui est naturel en vous : le cœur. Voyez la différence : « Je veux m'amuser maintenant » et « Je sens qu'il est préférable de m'occuper des enfants avant ». « Je veux » est égoïste et « Je sens » est source d'harmonie. Abandonnez-vous à cette force. Suivez son courant. Tout courant amène inévitablement à l'océan, même s'il faut en subir les soubresauts. *Confiance*. Tu es le maître-mot.

Le bonheur et le respect de l'harmonie générale

Est-ce que votre vie est naturelle ou contrôlé par l'ego ? Vous êtes naturel lorsque vous respectez l'harmonie générale (respect de soi, des autres êtres humains, des animaux et de la nature dans son ensemble). Toutes les formes étant votre véritable corps, cela n'a pas de sens de ne pas les respecter. La question du respect fixe la limite entre l'ego et le non-ego. Ce qui est naturel (respectueux) vient directement du cœur. Ce qui n'est pas respectueux vient de l'ego. Cela permet d'être clair. Vous savez ainsi si l'ego vous influence ou pas.

Observez les animaux. En général, un animal ne va pas chasser pour son seul plaisir. Il chasse lorsqu'il a faim ou pour nourrir ses petits. Ainsi, l'ordre naturel est respecté et préservé. L'ego est absent. De la même manière, vous êtes naturel (sans ego), lorsque vous êtes sensible à l'harmonie générale. En chacun de nous et de manière différente, notre voix intérieure sait ce qui est naturel et harmonieux. Les règles ne sont pas nécessaires lorsque nous sommes sensibles et conscients. Nous sommes alors naturellement respectueux.

Pour savoir si votre comportement est naturel (sans ego) ou pas, posez-vous la question suivante : « Suis-je respectueux ? » Que dit votre voix intérieure ? Par exemple, « Suis-je respectueux lorsque je mens ? » Bien entendu, tout dépend du mensonge et des circonstances. Un mensonge est naturel quand il protège quelqu'un. Un mensonge n'est pas naturel s'il protège des intérêts égoïstes. Si vous êtes honnête avec vous-même, vous connaissez la réponse. Mais pour cela, il ne faut pas tomber dans le piège des justifications du mental qui trouve des centaines d'excuses pour ne pas faire face à la vérité. Faites face à la vérité intérieure avec courage et honnêteté. Ainsi, des réponses personnelles peuvent être apportées à tout type de questions :

Est-il naturel de ne pas se soucier d'écologie et de la qualité des produits que nous achetons ? Est-il naturel de polluer notre planète ? Est-il naturel de maltraiter les animaux ? Est-il naturel de tuer les moustiques ? Est-il naturel de chasser ? Est-il naturel de manger beaucoup de viande ? Est-il naturel de se mettre en colère ? Est-il naturel de faire vœu de chasteté ? Est-il naturel d'avoir plusieurs partenaires ? Est-il naturel de traiter différemment les femmes des hommes ? Est-il naturel d'avorter ? Est-il naturel d'être très actif ? Est-il naturel de ne rien faire ? Est-il naturel de demander beaucoup d'argent en échange de services ? Est-il naturel de ne pas demander d'argent pour votre travail ? Que dit votre voix intérieure ?

Toutes les réponses dépendent des individus et des circonstances. Il ne peut y avoir de règles générales fixes. Quelle que soit la décision prise, celle-ci doit être consciente. *Vous devez être en paix avec votre conscience.* Vous pouvez ainsi sortir du cadre de la pensée commune et de la morale traditionnelle. Dans le passé, la morale, le jugement (« le bien et le mal ») mais aussi le refus du jugement (« Il n'est pas bon de juger ») ont souvent empêché l'humanité d'être libre, respectueuse et d'évoluer de façon harmonieuse.

Êtes-vous libre et respectueux ? Faites-vous de votre mieux pour respecter votre propre personne, autrui et la nature dans son ensemble ?

Faites-vous également de votre mieux pour respecter les choix et les décisions d'autrui ?

Pour être heureux, soyons libres et respectueux.

Le bonheur et la légèreté de l'esprit

Le mental est parfois très sollicité. Lorsque votre tête commence à être lourde, portez votre attention ailleurs. Regardez autour de vous. Écoutez le chant des oiseaux. Faites attention à la voiture qui passe. Ressentez la sensation du vent sur votre peau. Observez vos émotions intérieures. Observez la beauté des couleurs environnantes ou la forme d'un bâtiment. Ainsi, en une seconde, vous pouvez sortir de votre cage mentale. Vous retrouvez votre silence intérieur. Vous êtes de nouveau connecté au Cœur. Être enraciné dans le Cœur est source de joie et d'harmonie. C'est la Source intérieure qui nourrit toute chose. Soyez donc léger et heureux !

Chapitre 7 : Éveil : Mythes et vérité

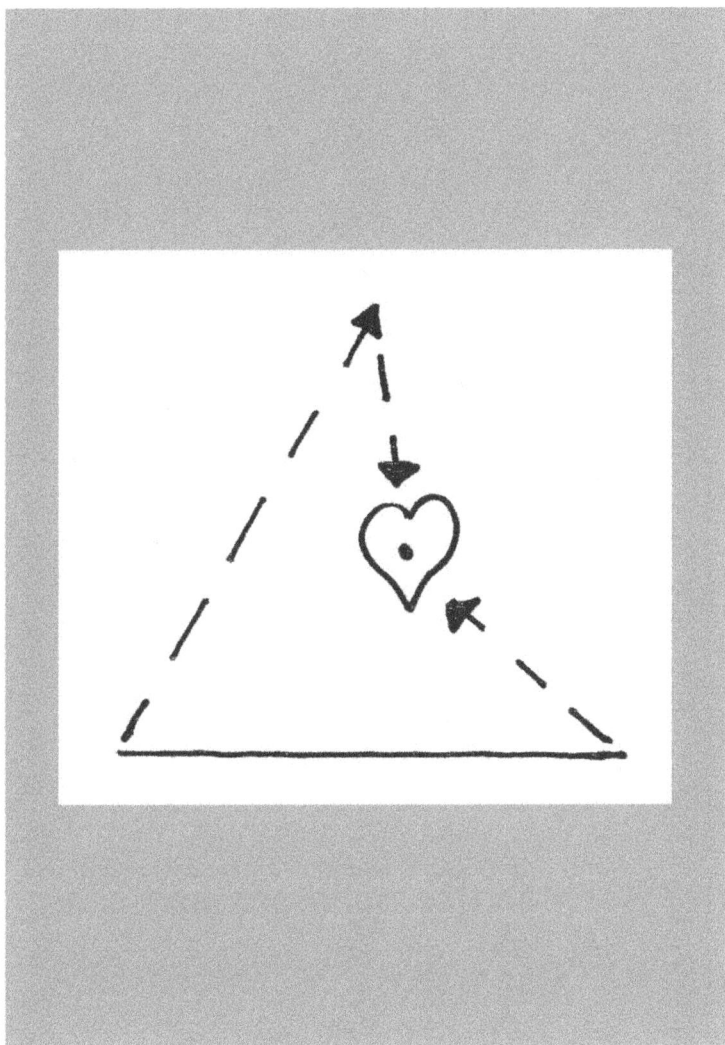

Qu'est-ce que l'éveil ?

Longtemps, j'ai douté de mon éveil car il ne correspondait pas aux histoires extraordinaires des sages éveillés dont j'entendais parler. Pourtant, je voyais que Soi ne peut se rencontrer que dans le non-temps, « maintenant », car le temps est le fruit de l'esprit. Lorsque l'esprit s'oublie, le temps n'est plus. Seule la Vérité est.

Un livre m'a finalement aidé à cesser de douter de ce que signifie l'éveil ou l'illumination. Il y est écrit : « Quand l'objet est identique à la lumière de la conscience, c'est la Grâce. » [25] « La Pure Conscience « Je » n'est pas relationnelle. Elle et l'univers sont Un. C'est la conscience immédiate. Lorsque que l'on a cette conscience, on connaît sa véritable nature. C'est ce que signifie la libération. » [26] Toutefois, pouvons-nous réellement parler de libération tant que globalement nous sommes en proie à l'illusion ? La véritable libération est celle de notre réconciliation à tous. N'est-ce pas le véritable sens et mystère de la vie : l'éveil de l'arbre tout entier afin que nous puissions vivre notre aventure existentielle librement et joyeusement ? Lorsque les êtres sont libres, ils manifestent directement la vérité de leur cœur.

Les différentes voies vers l'éveil

Selon ce même livre,[27] il y a deux voies pour réaliser le Soi : la voie directe et la voie progressive. On peut aussi les appeler respectivement « le chemin extérieur » et « le chemin intérieur » (voir le dessin).[28] Le chemin intérieur (progressif) est la voie de la personne

---

[25] Jaideva Singh, *The Secret of Self-Recognition*, Motilal Banarsidass publishers, private limited, Delhi, p..38.
[26] Jaideva Singh, ibid., pp.27-31.
[27] Jaideva Singh, ibid., p.38.

qui recherche l'éveil et qui recourt pour cela à des techniques : méditation, travail sur l'énergie, pratiques spécifiques. Dans ce cas, le processus de l'éveil est progressif parce que l'esprit passe par différents états de conscience[29] avant de s'ouvrir au Cœur. *Si ces expériences ne sont pas prises trop au sérieux (qu'il s'agisse d'expériences extraordinaires, extatiques ou effrayantes)*, l'esprit peut se détacher d'elles et réaliser sa vraie nature.

Le processus de l'éveil peut aussi être direct (chemin extérieur). Au travers des expériences de la vie, l'individu s'est naturellement réconcilié avec les différentes facettes de l'ego. Il n'y a pas de dualité. De ce fait, l'esprit ne connaît pas d'états de conscience différents. Il y a transcendance immédiate de tous les états lorsque le point du Coeur est atteint. C'est l'expérience de l'illumination. Sur ce chemin, le Cœur est le guide. Lorsque le moment de l'éveil arrive, ce Cœur vous appelle : « Réveille-toi ! » Si cet appel est écouté, il est possible de réaliser votre véritable nature, instantanément et sans effort. Il n'y a pas d'autre expérience. Si votre quête pour la vérité est ardente, l'ouverture directe est possible. Dites la vérité, recherchez la vérité, ouvrez-vous à la vérité, ayez un amour immense pour la vérité et vous la trouverez.

---

[28] La « flèche » de gauche représente le chemin intérieur (progressif) et la « flèche » de droite représente le chemin extérieur (direct).

[29] « C'est la voie du samadhi (contemplation, absorption mentale). Elle peut aboutir à l'état de Turya, avant de connaître l'état de Turiyatita. Normalement, la conscience humaine ne fonctionne que dans trois états : l'état de veille, l'état de rêve et l'état de sommeil sans rêve. Dans l'état de Turya, la conscience est détachée et consciente des trois autres états. Elle n'est plus sous l'influence de maya, l'illusion de la séparation. Dans cet état, les manas (les aspects sensitifs de l'esprit) sont atténués mais ils ne se sont pas encore dissous dans Shakti (l'énergie de l'univers), comme c'est le cas dans l'état de turyatita. Lorsque l'état de turya s'est complètement développé et a atteint la perfection, il se transforme en état de turiyatita qui transcende tout ». Jaideva Singh, ibid., p.146.

Les conditions pour l'éveil

La réalisation de votre véritable nature nécessite l'ouverture du sixième[30] et du septième chakra.[31] Pour cela, trois conditions principales sont requises : la paix intérieure, la connaissance de Soi et un état de Présence. Lorsque ces conditions sont satisfaites, l'individu fait l'expérience de l'éveil. Les chapitres précédents ont établi les bases de cette réalisation : la connaissance de soi et la réconciliation intérieure. Les pages suivantes aident à lever les derniers voiles, afin que l'état de Présence (ouverture stable) se manifeste sans effort.

Le point du Cœur est votre destination. C'est le point zéro où le temps est transcendé. C'est le point d'équilibre et de non-dualité. « Le Cœur est la conscience la plus profonde. C'est le centre de la réalité. C'est la lumière de la conscience dans laquelle l'univers tout entier prend racine. »[32] L'ouverture au Cœur arrive dans un état d'acceptation totale de l'ego : l'état de non-résistance intérieure.[33] C'est un état de parfaite ouverture. Ainsi, l'éveil est possible lorsque vous êtes *sensible à l'harmonie générale, ouvert à la vérité au sujet de l'ego, conscient de votre vraie nature ainsi que totalement absorbé dans ce que vous faites.* Soyez donc totalement centré, passionné, intense ou silencieux. En dansant, en chantant, en faisant l'amour, en lisant, en dessinant, en faisant du sport, de la méditation ou les tâches quotidiennes, soyez présent, « Un » avec ce que vous faites. Ne pensez pas. La rencontre du moment présent, et par conséquent la rencontre avec Soi, est toujours inattendue.

Si le moment de l'éveil n'est pas encore venu, ne vous inquiétez pas. La seule chose qui importe vraiment est de connaître votre

---

[30] Le chakra ajna, situé au milieu du front entre les sourcils. Non-dualité et connaissance de Soi.

[31] Le chakra sahasrara, situé au sommet du crâne. État de Présence et réalisation de Soi.

[32] Jaideva Singh, ibid., p.95.

[33] Le « oui » intérieur n'est pas un obstacle au « non » extérieur.

véritable nature et de faire la paix avec votre conscience. Le moment de la mort est alors également l'occasion de vous libérer. *Ce n'est pas l'expérience de l'éveil qui compte mais l'état de votre esprit.* Toutefois, l'expérience de l'éveil doit être respectée car c'est le gage de la réelle ouverture et compréhension d'un individu. Certaines personnes disent « Vous êtes déjà éveillé. L'éveil est votre état naturel ». Soyons clairs. Que signifie l'état naturel ? Observez la nature autour de vous. Qu'y a-t-il de plus naturel ? Diriez-vous pourtant que la nature est éveillée ? Pouvez-vous dire, par exemple, que le tournesol est éveillé ? Le tournesol n'est pas éveillé pour la simple raison qu'il n'a pas d'intelligence mentale pour réaliser sa véritable nature. Toutefois, son développement et sa croissance ont lieu. La Pure Conscience est au cœur de toute forme et permet le développement de toute forme. Lorsque vous êtes naturel, l'ego ne vous influence pas. La Pure Conscience est libre d'agir directement au travers de vous. Comme une fleur, vous êtes naturellement conscient mais vous ne le savez pas. En d'autres termes, disons que vous êtes naturel mais pas éveillé. L'état naturel est indépendant de l'éveil. L'éveil arrive lorsque vous êtes naturel *et* que vous comprenez vraiment quelle est votre vraie nature. Vous faites alors l'expérience directe de la Vérité (la Pure Conscience). L'éveil n'est pas un état. C'est une expérience qui témoigne de la réalisation de l'état naturel. C'est la Grâce suprême car la Lumière efface toutes les ombres. Il n'y a plus de programme-ego. Il est important d'être clair au sujet de l'éveil. La clarté met fin aux malentendus et à la confusion. La clarté empêche aussi l'ego de jouer avec les mots, les concepts, les angles de perception et de clamer qu'il est déjà éveillé. *Vous êtes* ; mais le paradoxe est que vous ne pouvez réaliser qui vous êtes que lorsque vous cessez de résister à ce que vous êtes, par la connaissance de Soi et l'intégration de soi (paix intérieure).

La Pure Conscience est la véritable nature de tout le monde. Mais tout le monde n'est pas conscient et ouvert. Il ne suffit pas de comprendre intellectuellement l'unité ou la non-dualité. Il faut la vivre, *sans faux-semblant*. Votre être profond est déjà la Pure Conscience. Votre vraie nature est Amour. Mais étant donné votre système de croyances, pouvez-vous vraiment l'accepter et le manifester ? La libération est votre ouverture *réelle* à la vérité et à l'amour. « Connaître le Soi, c'est être le Soi. »[34]

Ne soyez pas avide de libération car vous ne feriez que maintenir vos chaînes. Il est préférable de ne pas s'inquiéter au sujet de l'éveil. Il arrive quand il doit arriver. Ce moment est déjà écrit. Faites davantage attention au respect de l'harmonie générale et de la vérité. C'est la voie la plus sûre et la plus rapide pour vous ouvrir au Cœur et être le Cœur. Écoutez votre voix intérieure et vous ne rencontrerez pas d'obstacles.

Mythes et obstacles

Certains chercheurs spirituels arrivent au point du Cœur par la gauche (voir le dessin) : la voie progressive. C'est la voie intérieure, celle de la volonté ou de la dévotion. La personne dont la motivation est forte peut avoir recours à des méthodes parfois très efficaces (méditations intenses, récitation de mantras ou exercices respiratoires poussés). Elle peut s'élancer à grande vitesse et monter très vite à la verticale en oubliant de redescendre vers la droite et de rejoindre le Cœur (le point du milieu). Celui qui monte très haut ou très vite peut connaître des états difficiles ou trompeurs.

---

[34] Ramana Maharshi.

Le piège de l'attrait pour l'extraordinaire

L'ego est attiré par ce qui est extraordinaire et rejette, en général, ce qui est ordinaire. C'est ainsi que certains individus « s'égarent » et ne peuvent s'ouvrir au Cœur. Toutefois, avec de la compréhension, ils retrouvent leur refuge, l'espace intérieur d'ouverture et de neutralité. De là, tout peut être observé avec détachement. Un état extraordinaire n'est pas un signe de réalisation de Soi et ce n'est pas non plus quelque chose que vous devriez rechercher. Le Cœur est totalement neutre : un point d'équilibre parfait, ni haut, ni bas. Lorsque quelqu'un ne voit de la beauté qu'à l'étage supérieur d'un bâtiment (vide) et non pas au rez-de-chaussée (beaucoup de monde), cette personne ne peut apprécier l'ensemble de la construction. L'essence et l'existence font partie du même ensemble.

Sur la voie intérieure, le chercheur spirituel peut être piégé par des expériences inhabituelles : entendre des voix, voir des lumières, avoir des visions, ressentir dans le corps et le cœur l'unité de l'existence ou être en état de samadhi, de béatitude. Notre vraie nature est telle une colonne infinie. Si nous l'explorons vers le haut, elle peut nous amener vers de plus en plus de sensations et de perceptions extraordinaires. Si nous l'explorons vers le bas, elle peut nous faire plonger dans les histoires du passé sans jamais finir le processus d'épuration. Or, c'est au point de parfait équilibre entre « ciel » et « terre » : le point du Cœur, que vous faites la rencontre de votre véritable nature.

Si au lieu de relativiser les expériences extraordinaires, vous leur accordez une importance majeure, l'ego risque de s'y raccrocher. Vous risquez alors de perdre la paix du cœur ordinaire qui accepte tout simplement la réalité telle qu'elle est.[35] Les événements extraordinaires ne devraient pas vous divertir de ce qui est « ici et maintenant ». C'est cela être enraciné. L'enracinement est le retour

---

[35]Rita Marie Robinson : *Ordinary Women Extraordinary Wisdom*, 2007, www.o-books.net.

172

dans la réalité et la simplicité du Cœur. La transformation peut alors se faire naturellement, sans l'interférence d'une volonté personnelle. L'arbre intérieur grandit petit à petit, en harmonie avec toute chose. Sans ego, la vie, comme la nature, est simple et naturelle.

Pour Ramana Maharshi, les pouvoirs (siddhis) se manifestent principalement à cause de l'ego. Toutefois, il peut y avoir des dons naturels. Dans le cas de siddhis apparus de façon spontanée, il soulignait les risques qu'il y avait à s'y attacher et expliquait que de tels pouvoirs risquaient d'enfler l'ego plutôt que de l'éliminer.[36] Ce qui est extraordinaire n'est pas un problème. Cela peut même devenir courant et ordinaire. Toutefois, l'attrait et l'attention démesurés pour « l'extraordinaire » sont un piège. Maintenez votre attention « ici et maintenant ». Reposez votre esprit dans le Cœur. Il ne peut alors rien prétendre. Vous êtes humble et ouvert à la vérité. Vous n'avez pas d'ambition et d'avidité. Vous n'êtes pas sophistiqué et vous n'êtes pas attiré par les pouvoirs. Bien entendu, en étant simple, vous risquez de perdre de l'intérêt aux yeux de certaines personnes. Vous pouvez aussi être mal compris. Ne faites pas attention à cela. Soyez vous-même.

Pouvez-vous accepter d'être ordinaire ? Êtes-vous généralement attiré et impressionné par tout ce qui est extraordinaire ? Acceptez-vous de passer inaperçu ? Pouvez-vous lâcher prise avec les idéaux ou les modèles spirituels ? Ouvrez-vous à la vérité et observez vos nuages jusqu'à ce qu'ils se dissipent.

La Pure Conscience est le Cœur. L'innocence du Cœur est le pouvoir suprême. Lorsque vous êtes détaché de tout désir de pouvoir, tous les pouvoirs vous entourent et se manifestent indépendamment de votre volonté.

---

[36] Sois ce que tu es. Les enseignements de Sri Ramana Maharshi, ibid., pp.205-206.

Les problèmes physiologiques et mentaux

Si vous forcez le processus d'ouverture au Cœur alors que votre personnalité n'est pas suffisamment intégrée, vous pouvez connaître des problèmes physiologiques ou mentaux. C'est pour cela qu'il est préférable de ne rien forcer. Vous devez être au préalable suffisamment réconcilié avec votre ego. Certaines personnes peuvent ressentir de fortes résistances ou des peurs à entreprendre des pratiques spirituelles. Cela doit être respecté. Les pratiques spirituelles favorisent l'ouverture. L'ouverture est un état de réceptivité d'autrui en soi. Si l'esprit est encore dans la dualité et la non-acceptation, forcer l'ouverture peut entraîner des troubles mentaux.

Finalement, certaines personnes sont très attachées à trouver la paix de l'esprit, mais elles peuvent négliger le corps. Or, ceci est également un signe que l'esprit n'est pas suffisamment intégré et équilibré. Corps et esprit sont interdépendants. Respectez donc votre corps comme un temple de l'esprit. Le monde extérieur et le corps ne sont pas strictement des illusions. Ce sont les aspects manifestés de la Pure Conscience et en ce sens, ils sont réels et divins.

Lorsque l'esprit n'est pas préparé à l'ouverture (suffisamment intégré), le corps n'est pas prêt non plus. Il peut alors résister, trembler, se tétaniser, éprouver de fortes chaleurs, des montées subites d'énergie (kundalini) ou des migraines. L'individu peut aussi connaître des crises de panique et se trouver confronté à ses peurs et à ses démons intérieurs (croyances ou constructions mentales imaginaires induites par les peurs). Alors que j'étais en train d'écrire cela, je fis la rencontre de quelqu'un qui avait vécu ce type d'expérience. Son expérience est intéressante à relater. Cet homme s'est un jour trouvé confronté à ses monstres et il fut totalement pris de panique. Il a même dû passer quelque temps dans un hôpital psychiatrique. Une fois sorti de l'asile, il a commencé à faire un travail sur lui-même. Un jour, il a vu les monstres tourner encore une fois autour de lui. Comme il n'avait plus peur, les monstres ont fini par rire avec lui. C'est une très belle histoire. J'ai entendu beaucoup d'histoires d'éveils spirituels où les gens passaient par des phases de terreur, la peur de monstres ou la peur extrême de mourir. Certains ont réussi à dépasser leur peur en se rappelant que la peur de démons est une illusion. L'esprit imagine des monstres car il a peur de la vérité et rejette des aspects de lui-même. J'espère que cette anecdote encouragera ceux qui ont peur des autres, de la mort ou qui vivent des expériences spirituelles effrayantes, à pouvoir rire avec leurs monstres et passer au travers de leurs peurs. Votre véritable nature ne peut mourir et ne peut être affectée. Détachez-vous de vos peurs. Ne les prenez pas au sérieux. Revenez à la Source.

Le piège de l'attachement à la paix

La véritable paix ne dépend pas d'un contexte extérieur. Il est possible de vivre dans le monde et dans son « bruit ». Les individus dont la paix est le fruit d'un isolement ou de techniques peuvent croire être fermement enracinés dans la Source alors que l'ego les influence encore. Il est aisé de se sentir bien dans une pièce climatisée mais la température extérieure peut être difficile à supporter. Les personnes sur la voie de la méditation peuvent aussi se laisser piéger par le parfum du silence et être attachées à cela. Bien entendu, la méditation aide à trouver la paix. C'est une aide précieuse pour revenir à la Source, connaître et accepter son esprit, calmer les tendances mentales, se ressourcer, goûter la saveur du silence et dans certains cas se fondre en lui et réaliser sa véritable nature. Toutefois, s'il y a attachement à la paix, cela empêche d'être véritablement en paix.

Certaines personnes font l'expérience du vide et le définissent comme la paix. Cependant, certaines expériences du vide sont le fait d'un manque d'enracinement dans le Cœur.[37] Certains visages ont des apparences très paisibles. Certains esprits paraissent calmes et silencieux, mais leur silence est parfois un silence d'indifférence. Or, le Cœur n'est pas indifférent. L'enracinement dans le Cœur est le véritable silence de l'esprit. Ce silence peut également s'exprimer

---

[37] "Lorsque la contraction ou la limitation de la conscience est prédominante, on fait l'expérience du vide." Jaideva Singh, ibid., p.60.

dans le monde, dans la parole et dans le bruit. Il est indépendant de tout cela. Le monde extérieur n'est pas un obstacle si l'âme est en paix. Celui qui a peur du monde extérieur a aussi peur de lui-même. C'est la raison pour laquelle l'éveil n'est pas encore possible. Bien entendu, certaines personnes sont véritablement en paix et désirent vivre de manière isolée. Mais leur choix n'est pas lié à des peurs. C'est un choix libre et naturel.

Êtes-vous attaché à votre paix ou au silence ? Êtes-vous dérangé par certains individus, par tout ce qui est inattendu, bruyant ou différent de vos habitudes ? Si tel est le cas, revenez à la Source. Observez vos nuages jusqu'à ce qu'ils se dissipent.

Est-ce que votre paix provient de votre esprit ou de votre cœur ? Êtes-vous spontanément ouvert à toute personne ? Lorsque le nuage « peur des autres » traverse votre esprit, observez-le jusqu'à ce qu'il se dissipe.

Le mythe de l'absence de pensées

Être éveillé ne signifie pas ne plus avoir de pensées. Lorsqu'une personne n'a plus de pensées, c'est généralement le fruit de techniques ou d'un isolement. Ce « silence » peut avoir des effets extraordinaires (extase, visions, pouvoirs, transe, absence du besoin de nourriture) mais tôt ou tard il prend fin. La racine de la fleur n'est pas encore découverte. N'interprétez pas un état temporaire de plénitude comme la preuve que vous êtes éveillé. L'état de non-pensée est appelé « manolaya » dans la terminologie hindoue. Plus exactement il s'agit d'un état temporaire de non-pensée. Ramana Maharshi disait que : « Même si cette accalmie provisoire de l'esprit devait durer mille ans, elle ne conduirait jamais à la destruction de la pensée, qui est appelée libération de la naissance et de la mort. » [38] Il ajouta : « En l'absence

---

[38] Sois ce que tu es. Les enseignements de Sri Ramana Maharshi, ibid., pp.83-84.

d'un guide convenable à ce stade de pratique spirituelle, nombreux sont ceux qui ont été victimes d'illusions et la proie d'un faux sentiment de libération. »

L'esprit doit être enraciné dans le Cœur. De là, les pensées jaillissent naturellement. Dans certains cercles spirituels, certains mots peuvent être bannis comme « pensées », « désirs » « jugements » ou « colère ». Ils sont associés à l'ego. En fait, aucun mot et aucune action ne devraient être bannis. Ils dépendent tous de la source qui les a produits. Regardez simplement à l'intérieur de vous-même si la source de vos pensées, de vos désirs ou de votre colère est naturelle ou mentale. Être en colère par exemple peut venir de la Source (en surface, vous exprimez votre colère car vous ressentez que c'est la meilleure solution dans de telles circonstances mais en profondeur, vous demeurez parfaitement calme). Rien n'est à rejeter dans le fruit naturel. Il n'est pas conditionné. Votre vraie nature s'exprime spontanément. Au contraire, lorsque les pensées et les désirs proviennent du mental, ils sont conditionnés par le passé, la culpabilité, les peurs, les attentes et les ambitions.

Les pensées jaillissant de la Source ne sont pas enracinées dans le passé. Elles révèlent un état de Présence. Dans cet état, la mémoire est moins utilisée. Si vous souhaitez vraiment vous en servir vous le pouvez. Vous pouvez encore être intellectuellement efficace mais l'utilisation de l'intellect n'est pas une fonction régulière. Ainsi, plus les inquiétudes s'évanouissent et plus vous êtes tel un enfant qui vit pleinement le moment présent sans réfléchir. Ne pensez pas que cela soit une perte. La véritable intelligence universelle opère au travers de vous. C'est comme cela d'ailleurs que les plus grandes découvertes sont faites.

Le passé n'a pas trop d'impact lorsque la joie de vivre est présente. Même si l'on vous blesse, la joie reprend vite le dessus. Le passé s'évanouit. Pensez donc à nourrir votre joie de vivre car elle est ce qui permet vraiment de traverser les épreuves. La joie intérieure est ce qui permet de vivre naturellement dans un état de Présence. Par exemple, n'essayez pas d'être trop parfait. Cela pourrait être un obstacle à votre joie et par conséquent, à l'expression de votre véritable perfection.

Qu'est-ce qui vous fait plaisir ? Est-ce voir un ami, manger une glace ou des sucreries, prendre un verre au café, fumer un cigare, savourer un bon repas, danser toute la nuit, visiter des beaux lieux, faire du « shopping » ou rester à la maison ? Faites-vous plaisir !

Le piège de l'avidité pour l'éveil

Certaines personnes s'engagent sur un chemin spirituel, non pas pour trouver la paix et l'harmonie mais pour s'éveiller. Elles désirent l'éveil de manière intéressée, pour leur salut personnel ou même parfois par désir d'être gourou. Elles oublient le Cœur. Quelles sont les raisons exactes qui vous poussent sur un chemin spirituel ? Ne rechercher que son salut personnel n'a pas de sens. Rechercher la vérité, l'harmonie et la paix sont les signes d'une véritable vie éveillée. L'amour est le véritable salut. C'est aussi le chemin le plus direct pour recevoir la Grâce divine.

Le piège de la dépendance extérieure

Le salut et l'aide peuvent venir de l'extérieur mais la clé finale est entre vos mains. Vous pouvez être guidé. Vous pouvez être aidé. Vous pouvez avoir des ouvertures énergétiques. Mais la véritable ouverture est celle de votre cœur. Si vous demeurez dépendant et avide, si vous ne pouvez pas écouter votre voix intérieure, si vos pensées demeurent dans la dualité, la séparation, le jugement, le bien et le mal, vous ne pourrez pas réaliser votre véritable nature. Ayez confiance en votre propre discernement. Soyez un individu autonome et authentique. Libérez votre esprit. Écoutez votre cœur et ouvrez-vous à lui.

Les fausses conceptions sur la liberté

Certaines personnes pensent que la liberté est le but suprême de la spiritualité. Mais encore faut-il s'entendre sur ce que signifie le mot liberté, car la liberté sans le cœur n'est qu'une illusion, certes enivrante mais trompeuse. Est véritablement libre celui qui sait être le serviteur du Cœur. L'amour est la plus grande des libertés, au-delà de la destinée.

Les fausses conceptions sur l'attachement et le détachement

Des malentendus au sujet du concept de l'attachement peuvent entraîner des détachements forcés qui n'ont rien de naturel et peuvent avoir des conséquences relationnelles fâcheuses. Lorsque l'esprit repose dans le Cœur, l'attachement et le détachement n'ont pas de sens. Vous pouvez dépasser les deux en ne résistant ni à l'un ni à l'autre. Le véritable détachement vient de la paix intérieure. Si la situation que vous vivez est harmonieuse, n'ayez pas peur de votre attachement. Appréciez pleinement votre bonheur ! Par contre, si votre situation n'est vraiment pas harmonieuse, ayez la force de vous détacher. Dans ce cas, seul le sens de l'harmonie dicte votre conduite. Ne laissez pas la peur de l'attachement vous contrôler (car vous seriez autrement attaché au détachement !) Ne pensez pas non plus que le fait d'être marié ou d'avoir des enfants est un obstacle. Qui êtes-vous vraiment ? Seules des fausses croyances peuvent vous empêcher de réaliser le Soi.

Si au contraire, vous êtes trop détaché ou éprouvez une certaine lassitude de la vie, si vous avez des difficultés à vous ancrer à la terre, respirez dans votre ventre pour maintenir le lien. Lorsque le moment naturel de quitter votre corps viendra, vous vous détacherez sans effort et en paix avec tout le monde.

Le mythe du sacrifice

Certains chercheurs spirituels peuvent encore avoir à l'esprit que pour s'ouvrir au Cœur, il faut souffrir. Il faut savoir faire des sacrifices. Or, être Soi est un signe de bonheur et d'épanouissement. Écoutez votre cœur. Ne vous forcez pas. Il connaît vos possibilités et vos limites. Il vous conduit à l'harmonie et à la joie.

Le piège du manque de compréhension

Certaines personnes atteignent le Cœur par la droite (voir le dessin). C'est la voie extérieure directe, le chemin naturel. Ce chemin est plus adapté aux personnes dont le Cœur est sensible. Guidées par cette sensibilité, ces personnes maintiennent leur ouverture dans la vie courante et intègrent naturellement leur ego. Elles peuvent alors directement réaliser leur véritable nature, sans problème psychologique ou physiologique préalable. Toutefois, il est possible de connaître des perturbations psychologiques après l'éveil. Cela est dû à un manque de compréhension au sujet de « l'ouverture » nouvelle.

Lorsque l'éveil arrive spontanément, il est tout à fait normal de chercher à comprendre ce que cela signifie vraiment. Toutefois, cela peut générer de la confusion si le mental récupère la situation. Si le feu spirituel n'est pas contrôlé, si la passion pour le Divin ne se calme pas, on est alors comme une prise électrique branchée sur une immense source d'énergie. Il est possible de perdre son équilibre mental. C'est pourquoi il est dit que la présence d'un Maître spirituel est généralement nécessaire à un certain point.

Au tout début de mon expérience, ma soif de réponses donna lieu à de nombreux rêves spirituels. Je me réveillais sans arrêt pour tout écrire. Je passais des heures à prier pendant la nuit. Je ne mangeais plus beaucoup. J'étais comme envoûtée par le Divin. Je voyais des signes partout, des correspondances entre ce que je pensais et les messages extérieurs. Tout semblait faire écho et tout me

« parlait ». J'arrivais de moins en moins à me détacher de cet autre plan de la réalité. Ces phénomènes de synchronicité me perturbaient. Petit à petit, le langage et les mots eux-mêmes prirent un autre sens. Je décryptais automatiquement toute parole en langage symbolique, comme si derrière les mots j'entendais le vrai langage. Tout le langage se transformait en jeux de mots. Ma tête voulait tout interpréter et y prêter une attention extrême. Cela m'épuisait.

Lorsque le doute est présent, l'esprit s'attache généralement aux signes extérieurs. Le mental a besoin d'être rassuré. Il veut des preuves. Or, la vérité se ressent. Elle ne peut être comprise par le mental. Il faut faire totalement confiance à sa voix intérieure. Les preuves et les confirmations ne viennent que lorsque la confiance en Soi est totale. Jusqu'à ce que le doute cesse, la vérité « secoue » naturellement l'esprit. De la même façon, lorsque la vérité se manifeste dans votre vie sous la forme d'un guide spirituel, toute la structure de votre mental et de ses croyances est remise en question. Le but du « jeu » est d'être vous-même, de lâcher prise avec votre mental et d'écouter votre cœur - *Être,* telle une rivière qui coule sans s'arrêter en dépit des pierres et des obstacles, un flot naturel qui inévitablement rejoint l'océan. Un beau jour, les yeux voient « l'Océan » et comprennent son mystère. Le cœur et l'esprit sont tous deux conscients et s'unissent. L'ouverture à son Être véritable est totalement consciente.

Le piège de la comparaison

La personne qui arrive au Cœur par la gauche (voir le dessin), a un passé de méditation, de contemplation ou d'absorption du mental. Elle ressemble à une belle pomme lisse qui a reçu d'excellents nutriments pour se développer. Le mental est stable mais il peut encore être légèrement ambitieux. La priorité est donnée à la liberté avant l'amour. L'esprit peut aussi être piégé par un sentiment de supériorité car l'ego spirituel se nourrit de son détachement, de ses expériences ou de ses « réussites ». Il peut aussi avoir tendance à se protéger contre ce qui est perçu comme « impur ». Ce ne sont pas encore les yeux du Cœur qui embrassent la réalité. Toutefois, lorsque ce « fruit » s'ouvre au Cœur (l'ego est reconnu et accepté comme étant ambitieux, égoïste, arrogant et ayant besoin de protection), il est impressionnant. L'esprit est déjà stable et clair. Les tendances mentales sont maîtrisées. C'est le « fruit du ciel ».

La personne qui arrive au Cœur par la droite (voir le dessin), s'est ouverte aux différentes expériences de la vie et a réussi à maintenir son cœur ouvert. Comme une pomme biologique, sa peau a des cicatrices mais son goût est bon. Le cœur est solide. La « pomme biologique » n'est pas impressionnante car elle est naturelle. Elle arrive au Cœur et « ouvre la porte » sans être encore totalement maîtresse de son esprit. Mais elle s'est habituée à tous les vents et peut digérer de nombreuses tempêtes. Elle évolue lentement mais sûrement vers sa maturation : la clarté et la maîtrise du mental. C'est le « fruit naturel de la terre ».

Il est possible que « la pomme biologique » doute d'elle car elle ne ressemble pas à celle du supermarché. Elle peut alors croire qu'il faut obligatoirement ressembler à une « pomme lisse » et ce faisant, elle risque de s'éloigner de son naturel : son vrai joyau. La croyance commune qui certainement trompe beaucoup de chercheurs spirituels est que seuls les fruits « lisses » sont divins. Être dans des états d'extase, de super-conscience, être absolument calme et silencieux, sont considérés comme des signes de « réussite spirituelle ». Mais ces croyances limitent votre potentiel à vous ouvrir naturellement à Soi.

Il est important de vous libérer des idéaux et des mythes spirituels car ils vous empêchent d'être vous-même, tout simplement, avec toutes vos couleurs. Les imperfections de l'ego ne sont pas graves, tant que vous les reconnaissez. L'éveil est au-delà du parfait et de l'imparfait, de ce qui est considéré élevé ou bas. Il ne se trouve pas en plongeant dans les sphères de plus en plus subtiles de la conscience, pas plus qu'il ne se trouve en ne s'intéressant qu'aux histoires du passé et aux « blessures » de la terre. L'éveil n'est possible qu'au point d'équilibre entre ciel et terre. Ce point est celui de l'intégration de soi : le point du Cœur.

« Des sentiments altruistes, la compassion, une interconnexion intuitive et l'absence d'égoïsme sont les éléments fondamentaux d'une vraie spiritualité. »[39] Vous pouvez être éveillé et être encore très humain. Vous pouvez pleurer, vous sentir fragile, ressentir la douleur, avoir les mêmes tendances mentales que tout le monde mais contrairement à la plupart des gens, vous ne leur résistez pas. C'est d'ailleurs pour cela qu'elles finissent par ne plus vous influencer. L'oisillon ne cherche pas à grandir. Sa croissance se fait, tout simplement. Petit à petit, ses ailes le portent vers l'espace infini. Essayer d'atteindre le ciel avant de pouvoir ouvrir les ailes est une illusion. La seule chose que vous ayez à atteindre est l'acceptation de l'ego « ici et maintenant » et au travers de cette acceptation, une ouverture toujours plus grande vers l'espace infini.

Le piège de la réceptivité et de l'effet miroir

Plus l'esprit s'ouvre, plus les frontières disparaissent entre soi et autrui. Cela peut être dérangeant si la personne ouverte (éveillée ou pas) ne comprend pas très bien ce qui se passe et ne se connaît pas suffisamment bien. Pendant des années avant mon expérience, je trouvais étrange d'être si différente en fonction des personnes avec qui j'étais. Avec certains je riais de tout, avec d'autres je ne pouvais pas rire. Parfois j'étais très bavarde, parfois je n'avais rien à dire. Je pouvais ressentir des émotions intérieures très différentes de ce qu'elles étaient habituellement. Dans certains cas, ces émotions étaient dérangeantes. Heureusement, j'ai pu accepter tous ces états intérieurs. Je n'y attachais pas trop d'importance car à l'intérieur de moi, j'avais une force qui chaque fois pouvait tout absorber, une nature généralement heureuse. Toutefois, je me sentais un peu bizarre. Qui suis-je vraiment ? Certains états intérieurs ne ressemblaient pas du tout à mon état habituel. Que voulait dire tout cela ?

---

[39] Akhand Jyoti magazine – The Light Divine, May-June 2010, p.42, vol. 8, Issue: 3. Merci Annamalai.

Au fil du temps, j'ai pris conscience de ce qui se passait vraiment. Un jour, j'eus enfin la preuve, au travers d'une expérience personnelle, que certaines émotions intérieures n'étaient pas liées à « moi ». Elles étaient le résultat de mon ouverture. J'ai ainsi découvert que j'étais parfois « habitée » par l'énergie de la personne en face de moi ou réceptive à ses pensées. Ce fut un soulagement immense de comprendre cela et d'avoir enfin une preuve que je ne pouvais plus remettre en question. Jusqu'alors, je doutais de moi. Je croyais que tous les états intérieurs que je ressentais étaient « moi ». Les personnes qui sont très réceptives peuvent aisément comprendre le soulagement que c'est d'avoir enfin de la clarté à ce sujet. Les larmes coulaient de mes yeux. Je pouvais désormais me détacher de l'ego. Cette conscience mit fin au fardeau intérieur.

La nature intérieure de quelqu'un de réceptif ne change pas mais elle peut être temporairement différente. Parfois, la personne réceptive va même prononcer des mots qui reflètent les pensées des autres. Dans certains cas, cela peut prendre un peu de temps pour que l'énergie de la personne réceptive revienne à son état naturel. Parce que la personne réceptive est un miroir, elle peut être « mal » jugée. Si vous êtes dans ce cas, continuez de faire confiance en votre force Divine. Rappelez-vous que les nuages passent et disparaissent. Pendant ce temps, certaines personnes ont la chance de pouvoir regarder leur reflet dans le miroir…Quand l'ego de quelqu'un projette un film sur un écran, l'écran ressemble au film.[40] Mais l'écran n'est pas le film. Ce phénomène de projection m'a permis de comprendre deux choses principales. La première est que les signes que l'on croit parfois significatifs pour confirmer un point de vue peuvent en fait ne pas avoir de sens. Par conséquent, il est préférable de garder de la distance par rapport aux croyances personnelles et aux signes, même si ceux-ci apparaissent vrais. Faites plutôt confiance à votre voix intérieure. Suivez vos ressentis et votre intuition. N'écoutez pas votre mental. Le deuxième point important est que lorsque l'on a des

---

[40] De même, en numérologie, 9+1 devient 1 (9+1=10=1+0=1). Avec 9, le résultat est toujours égal au nombre ajouté.

ressentis étranges sur une personne, il est préférable de rapidement demander des éclaircissements. Toutefois, si la communication n'est pas possible ou si la situation demeure ambigüe et trouble, il vaut mieux garder une certaine distance ou le silence. Dans tous les cas, toutes les projections, tous les jugements hâtifs que vous pouvez avoir sur les uns et les autres sont toujours riches d'enseignements car ce sont souvent les clés de votre liberté - miroirs des limites, peurs et aspects de l'ego que vous rejetez.

Il est maintenant temps de vraiment vous souvenir de votre véritable identité et de ne plus l'oublier. Identifiez-vous à cela : « Je ne suis pas l'ego. Je suis la Présence qui inclut l'ego ainsi que toute chose ». Tel le vent qui se lève et s'évanouit, tout ce qui se manifeste et disparaît sur l'écran de la conscience n'a qu'une réalité relative. Ne vous identifiez pas au vent, à ce qui est éphémère (corps, pensées et émotions). Identifiez-vous à ce qui est la Source de toute forme et qui ne peut être affectée : la Pure Conscience. Rappelez-vous qu'au cœur de toute forme, la Pure Conscience est tel le regard ouvert d'un enfant. Les formes et la Pure Conscience sont en symbiose totale. L'écran et le film sont Un. Avec de la compréhension, cette symbiose peut être appréciée pour ce qu'elle est vraiment : la rencontre totale d'autrui, qui est aussi la rencontre totale de votre être véritable (à l'intérieur de vous mais aussi à l'extérieur). Cela apporte renouveau, stabilité et joie.

Ce phénomène de réceptivité et de miroir concerne aussi les enfants, étant donné qu'ils sont ouverts et innocents. Il faut donc comprendre les jeunes enfants et les rassurer lorsqu'ils ressentent de fortes émotions. Ils ne doivent pas se culpabiliser. Il est naturel de ressentir et d'exprimer des émotions. Tout au long de leur enfance, ils ont besoin d'être réconfortés, d'entendre qu'ils sont très bien et de comprendre que nous avions les mêmes « problèmes » à leur âge. Cela les soulage vraiment du poids de devoir être parfait ou différent de leur condition actuelle. Qu'il s'agisse de nos propres enfants ou des enfants des autres, acceptons sans jugement les phases qu'ils traversent (l'attachement, la jalousie, la timidité, la colère, les pleurs, leurs goûts vestimentaires, leurs préférences pour certains amis et pour certaines activités). Toute phase est passagère. Ce respect des étapes naturelles permet aux enfants de conserver le contact direct avec leur véritable nature et leur joie de vivre.

Respecter les enfants c'est aussi leur apprendre le respect d'autrui. Pour cela, certaines limites sont parfois nécessaires. Il est important d'être ferme (avec amour). Les enfants ont besoin d'être corrigés lorsque c'est nécessaire. Mais ceci peut être fait sans donner d'étiquettes négatives et définitives : « Tu es comme ceci ou cela ». Rassurons-les. Répétons-leur que ce n'est pas parce qu'on les réprimande qu'ils ne sont pas « bien ». Ils sont toujours vraiment bien et nous les aimons tels qu'ils sont. Il est tout simplement naturel de corriger leur comportement de temps en temps. Il est aussi naturel, en tant que parents ou éducateurs, de faire parfois des erreurs. Tant que nous leur donnons de l'amour, les petites erreurs ne sont pas graves.

Ne comparons pas : « Ta sœur ou ton frère faisaient comme ça, eux ». Chaque enfant est unique et vraiment merveilleux. Ne jugeons pas nos enfants. Adaptons notre comportement à leur tempérament. Ce sont les enfants eux-mêmes qui par leur conduite nous montrent ce que nous devons faire et quand des limites doivent être fixées (s'il est temps par exemple de se détacher un peu ou de continuer d'être très présents parce que l'enfant en a besoin). Suivons notre intuition et donnons-leur de l'amour. C'est cela qui importe vraiment.

S'ils ne se sentent pas « bien », aidons-les encore à comprendre qu'ils sont toujours très bien. Si leur tête leur raconte des bêtises, ils ne devraient pas se sentir mal. Il est naturel d'avoir des pensées négatives de temps en temps. Mais il ne faut pas oublier que ces pensées, ce ne sont pas eux ! Eux, ils sont toujours parfaits. Les pensées ne sont que des petits nuages dans la tête. Comme les nuages, les pensées passent et disparaissent. La distinction entre le vrai Soi (l'espace) et les pensées (les nuages), permet aux enfants d'intégrer leur véritable identité. Ils ont besoin d'entendre quelle est leur véritable nature car ils la ressentent à l'intérieur d'eux. Alors, il n'y a pas de problème et de dualité.

Les enfants peuvent aussi devenir l'ami de leurs peurs. Les peurs ne sont que des pensées passagères. Lorsque l'on regarde un petit nuage dans le ciel, il se dissipe très vite. De même, lorsque les enfants voient que leur peur n'est rien d'autre qu'un petit nuage dans la tête, elle disparaît. « Il n'y a aucun danger ». Si certaines peurs persistent, ils peuvent les mettre dans un petit sac imaginaire après les avoir toutes nommées. Ils doivent ensuite imaginer qu'ils jettent ce petit sac au loin. Cet exercice peut être répété jusqu'à ce que toutes les peurs disparaissent.

Ils ont encore besoin de comprendre que leur esprit est comme l'espace. Il ne meurt jamais. Est-ce que l'espace peut disparaître ? L'espace ne meurt jamais et il pénètre toute chose. Il caresse chaque fleur. Il volette avec les papillons. Il s'amuse avec toutes sortes d'animaux. Il plane avec l'aigle et il danse avec les feuilles dans le vent. Leur esprit est comme l'espace et aussi comme l'amour : il ne connaît pas de frontières. Il est Un avec toute chose et avec toute personne. *Nous sommes toujours ensemble*. Il n'y a aucune raison de s'inquiéter. Le corps n'est qu'un manteau qu'on met en naissant et qu'on enlève naturellement un jour parce que c'est le moment de rejoindre l'espace infini et de voler avec l'oiseau...Que la joie de chaque enfant soit telle une flamme éternelle.

Le piège de l'identification à la personne spirituelle

En s'identifiant à la personne spirituelle ou à l'enseignant spirituel, il est possible de perdre sa spontanéité ou de l'exagérer. Il peut être également moins facile de reconnaître certaines tendances de l'ego et d'admettre certaines faiblesses (par exemple, se prendre au sérieux, comparer, avoir un sentiment de supériorité, manquer de gratitude à l'égard des personnes qui vous ont aidé). Le jeu peut alors continuer, sous couvert cette fois-ci d'authenticité. Ce jeu-là serait subtil et trompeur.

Tant que vous doutez de vous-même, vous avez besoin de prouver votre identité spirituelle. Soyez vigilant à cet égard. Le doute de soi peut prendre des formes subtiles et « divines ». Vous pouvez par exemple vous sentir investi d'une mission divine, croire que vous êtes un instrument ou un serviteur de la Conscience Divine alors que votre ego vous dirige. Revenez à la Source. Qui veut cela ? Est-ce votre vraie nature (non conditionnée par les peurs, les désirs égoïstes, le besoin de sécérité, le besoin de prouver et d'être aimé) ou l'ego (conditionné par ces mêmes choses) ? Est-ce que votre activité spirituelle est le fruit d'un mouvement naturel, un désir de partage ou au contraire est-elle le fruit de votre fierté ou de votre ambition ? Il faut d'abord s'ouvrir à la vérité pour sincèrement conseiller autrui. Ce n'est que lorsque l'on est Maître de soi (de ses peurs et de ses désirs égoïstes) que l'on peut véritablement être Maître des autres. Bien entendu, vous pouvez très bien avoir quelque chose à partager et le faire en toute sincérité, sans jouer de rôle et sans prétendre quoi que ce soit. Dans ce cas, l'ego n'est pas actif. Le partage est sincère. La vérité ouvre la porte. Les faux-semblants la ferme. Choisissez la vérité.

Vouloir enseigner ou partager sa compréhension est naturel. Tant qu'il y a de l'ignorance, le Cœur *naturellement* veut aider, mais sans attentes de résultats. Naturellement, les parents aident leurs enfants à devenir des adultes épanouis et respectueux. L'enseignement se fait aussi de lui-même lorsqu'il y a une véritable intention d'aider. Les circonstances, les événements et les expériences de la vie sont tous porteurs d'enseignements. Le Cœur fait son travail indépendamment de toute chose. Il le fait au travers des milliers de personnes environnantes. Cet enseignant est en toute chose et toute chose est en lui. Cet enseignant est en vous. Faites-lui confiance. Demandez-lui son aide. Il suffit tout simplement de croire en lui et de tourner son regard vers lui. Il ne demande qu'à vous aider. Il est éternellement présent pour vous. C'est votre ami intérieur, votre enfant intérieur, votre innocence et c'est aussi l'existence tout entière.

Votre guide et votre protecteur sont déjà en vous et tout autour de vous. Les cinq éléments naturels (la nature) sont à l'intérieur et à l'extérieur de vous. Les Dieux et les Déesses sont éternellement présents. La connaissance est en vous. Toutes les réponses existent déjà. Faites appel à votre ami intérieur et rétablissez le contact avec le Divin par le silence, la contemplation, la prière, la danse ou le chant. Demandez de l'aide ou des réponses et elles vous seront apportées (si vous en avez vraiment besoin). Suivez votre intuition pour savoir quelle voie spirituelle vous correspond. Toutes les voies spirituelles sont parfaites, tant qu'elles vous correspondent et vous apportent la paix et l'harmonie. Respectons toutes nos différences de croyances, de religions, de rites et d'expressions du Divin.

Les roses naturelles fleurissent

À l'écoute du Cœur, un beau jour, inévitablement, l'Enfant retrouve son havre de paix. Le cours d'eau rejoint l'Océan…Amour…si vaste et abondant…

Vois-tu mon ami l'Orient, l'Occident, la dualité, le vrai, le faux,
S'unissant dans la Source au-delà des limites et des défauts,
Elle t'entraîne dans son courant,
Où tu peux te réjouir et rêver.
Étreins la vie, ressens la caresse du vent,
C'est un incroyable rêve, une incroyable réalité,
Un mystère pourtant si vrai,
Éternellement présent pour toi, comme un cadeau,
Afin que tu sois appelé,
Écoute mon ami, écoute l'appel de l'Enfant intérieur,
C'est ton refuge éternel, le havre de candeur.

Paix, Amour et Joie pour tous les êtres.

www.ingramcontent.com/pod-product-compliance
Lightning Source LLC
Chambersburg PA
CBHW051959090426
42741CB00008B/1470